U0939094

国家社会科学基金重大项目
“东北（辽宁）老工业基地‘劳模文化’史料编纂及
当代价值研究”（15ZDB052）阶段性成果

东北老工业基地劳模文化研究丛书

劳模文化本质论

——基于东北（辽宁）老工业基地的思考

ON THE ESSENCE OF LABOR MODEL CULTURE

田鹏颖 朱丽颖 于春玲／编著

社会科学文献出版社
SOCIAL SCIENCES ACADEMIC PRESS (CHINA)

总　序

信者，中心愿也。文化自信从根本上而言是在理论认识、价值旨趣层面的根本认同，是更为基本、更深沉、更持久的力量。习近平总书记在《在哲学社会科学工作座谈会上的讲话》中指出："我们说要坚定中国特色社会主义道路自信、理论自信、制度自信，说到底是要坚定文化自信。"① 习近平总书记所讲的文化自信是指具有时代精神的，有中国特色、兼容并蓄的，以制度自信、理论自信、道路自信为基础，以社会主义核心价值观为主要标识的社会主义文化自信，是以中华优秀传统文化为背景，以国外文化资源为借鉴，以马克思主义中国化最新成果为指引的当代先进文化自信。这种自信不是单一继承的，也不是舶来品、山寨品，而是中国特色社会主义伟大实践所生成的具有"中国气象"的当代中国文化自信。

在近代外来文化的侵袭下，中国的文化自信从"天朝上国"沦落为崇洋媚外，出现过否定中华文化，甚至要消灭已有文化的历史境遇。历史一再证明，中国"仁义"义理文化构建不起当代文化自信，而外来文化（主要是西方文化）在当代社会正以席卷全域的方式改变和影响着中国人，在某种程度上可以说这是新的文化殖民。从年轻人的语言服饰到流行音乐，西方文化正影响和改变着当代中国人的价值追求和基本信念，无所适从者多，有坚定信念者少，一系列文化不自信、不自觉的社会现象和社会心态正在肆虐，加之文化、亚文化格局的多元化，中华传统文化的时代化、外来文化的合理性和当代中国文化的生成就不可避免地成为一个显性问题。

---

① 习近平：《在哲学社会科学工作座谈会上的讲话》，人民出版社，2016，第 17 页。

"潮平两岸阔，风正一帆悬。"当前中国人文社会科学研究面临的一项重要任务就是摆脱对外来学术的"学徒状态"，积极构建中国特色、中国风格、中国气派的话语体系。中国学术话语体系的构建，必须立足我们民族自身的语言基础之上，也必然植根于中国特色社会主义现代化发展和中华民族伟大复兴中国梦的实践之中。"劳模"是一种中国现象，也是产生于新中国工业化进程中的"中国式语言"；劳模文化作为中国社会主义进程中形成的先进文化，为社会主义建设和发展积累了丰富的"中国经验"。当前，揭示劳模文化所蕴含的中国式发展模式及其价值，有助于在世界发展进程中充分彰显中国精神、中国力量、中国道路的独特性，为中国学术话语体系的生成提供语言基础和实践支撑。

习近平总书记指出："'爱岗敬业、争创一流，艰苦奋斗、勇于创新，淡泊名利、甘于奉献'的劳模精神，生动诠释了社会主义核心价值观，是我们的宝贵精神财富和强大精神力量。"① 东北老工业基地是劳模精神重要的发源地之一，王进喜、孟泰、尉凤英、张成哲等曾经是家喻户晓的劳动模范。对这些劳动模范的学习、宣传、树立，形成了独具特色的东北劳模文化现象，这是当前我们弘扬劳模精神、劳动精神最重要的资源。

在探索和实践中国特色社会主义建设的道路上，东北较早建立了以重工业为主的工业体系，在中国工业发展历程中具有独特的、领先的历史地位，这种独特的历史进程与东北老工业基地特有的"勤劳、担当、朴实"的"黑土地"文化相融合，是东北劳动模范不断涌现的现实基础，更是东北劳模文化的精神生产规律的逻辑支撑。

观乎天文，以察时变；观乎人文，以化成天下。弘扬和发挥东北劳模文化、劳动精神、劳动价值观的积极作用，有助于鞭策和鼓舞东北人民在全面振兴的关键时期，坚定地"滚石上山，爬坡过坎"，而且可以为实现中华民族伟大复兴中国梦提供重要的精神力量。

文化兴国运兴，文化强民族强。劳模文化是社会主义社会中产生的精神现象，是社会主义核心价值观的典型体现。东北老工业基地劳模文化与

---

① 习近平：《在庆祝"五一"国际劳动节暨表彰全国劳动模范和先进工作者大会上的讲话》，人民出版社，2015，第4页。

中国特色社会主义工业化道路紧密联系，成为社会主义核心价值观的重要体现，也是当代中国劳模文化的杰出代表，与东北老工业基地的历史和东北的“黑土地”文化有内在的联系，将为当前推进“五位一体”总体布局、“四个全面”战略布局提供精神支持和文化动力。

全面振兴是以文化振兴为主要标志的，东北全面振兴需要东北地方文化的重塑与创新。文化软实力在一个地区的影响力和核心竞争力中的地位日益凸显，关乎地区整体形象、发展机遇。培育东北新劳模文化，挺立劳动精神，树立东北振兴的时代风标。劳模文化曾经是弘扬劳动精神、体现社会主义价值的重要载体，在东北有着深厚的历史渊源和社会土壤，一个个劳动模范不仅是那个时代的精神化身，而且其所体现的劳动精神具有跨越时代的精神魅力。以劳模文化的重构与市场经济的理念转化为重要抓手，重新梳理东北劳模文化的历史演进与基本特征，找准劳模文化与市场经济的契合点，有助于东北老工业基地的全面振兴。

东北老工业基地劳模文化研究，拓展了中国化马克思主义理论的研究视角和领域，深入阐释了社会主义核心价值观的本质内容构成，弥补了东北老工业基地劳模文化全面系统研究的缺失。马克思、恩格斯、列宁、毛泽东、邓小平等马克思主义思想家，十分重视劳动在人类历史发展中的作用，对劳动及劳动者给予特别的关注。马克思从唯物史观的视角论证并揭示了劳动在人类社会存在、文化形成、经济发展中的基础性地位和作用，把劳动看作人类社会实践活动中最基本的形式。马克思认为，文化研究要从“抽象思辨”向“必须从最顽强的事实出发”这一根本方法转变。经验的观察在任何情况下都应当根据经验来揭示社会结构和政治结构同生产的联系，而不应当带有任何神秘和思辨的色彩，现实生活正是描述人们实践活动和实际发展过程的真正的实证科学开始的地方。因此，文化和文化史的研究要从历史（现实）出发，遵循“让历史说话，让史实发言”的基本方法论原则，让劳模文化“从历史走来”。劳模文化是东北老工业基地文化的重要组成部分，对其进行深入、系统、全面的挖掘，既有利于当代咨政育人，又有利于为后者提供劳模文化历史遗产。因此，无论从马克思主义理论、史料学、文化学和哲学等学科研究与发展方面来看，还是从文学艺术创作、精神生产、管理科学以及核心价值观建构等方面来看，劳模文化研究都具有重要的理论意义和现实价值。

具有爱国主义传统的东北大学，始终坚守振兴民族、振奋民心之念，始终与时代同呼吸共命运。东北大学的微文化脱胎于东北大格局的传承和共性，“学术上求真、探索中求异、实践中求新”造就了东北大学的精神群像，这也是东北劳模文化在东北大学的集中体现，也是东北一代代劳模刚正不阿、服务社会的精神写照。

奋进在“双一流”建设中的东北大学，致力于成为文化传承、知识创造、科技创新和成果转化的引领者。传承“自强不息、知行合一”的校训精神，与时偕行、开拓创新、克己自强、乐于奉献。坚持与国家富强和民族复兴同向同行，以培育英才支撑民族振兴，以创新科技引领国家强盛，在国家建设发展中担当起大学使命。“东北老工业基地劳模文化研究丛书”的出版，是东北大学“扎根社会、引领发展”的又一力作，充分体现了东北大学人的学术自觉和文化自信。丛书难免挂一漏万，希望海内外的读者多提宝贵意见！

是为序。

前　言

劳动是人世间最伟大的力量。在人和人类社会的形成过程中，劳动起了决定性作用。劳动创造了人类，创造了社会，是一切成功的必经之路，是推动人类社会进步的根本力量。劳动这种具有目的性和价值维度的感性对象性活动，不仅使人与动物获得了根本的区别，而且使人成为一种自我创造、自我生成、自我超越的存在。由此，劳动是人的本质力量的外在彰显和自我确证。

中华民族从站起来、富起来到强起来的历史性飞跃，是伟大的劳动人民艰苦奋斗而来的，始终闪耀着劳动的光辉。正如习近平总书记指出："劳动是财富的源泉，也是幸福的源泉。人世间的美好梦想，只有通过诚实劳动才能实现；发展中的各种难题，只有通过诚实劳动才能破解；生命里的一切辉煌，只有通过诚实劳动才能铸就。"① 劳动不仅是谋生的手段，更是通向客观世界与主观世界的媒介，也是实现人性至美至善、彻底自由的必由之路。在自由劳动中，在超越资本主义分工的基础上，通过劳动创造发展自身的自由个性，使得劳动成为人之幸福的源泉。

劳动模范是劳动群众的杰出代表，是最美的劳动者。马克思指出，一切历史的第一个前提就是人们为了能够"创造历史"，必须首先生产满足吃喝住穿及其他一些东西需要的资料，而生产物质生活资料的只有劳动者，因此，劳动群众才是构成全部国家生活的基础，是推动历史发展真正的动力源泉。

---

① 《习近平谈治国理政》，外文出版社，2014，第46页。

劳动模范表彰制度是社会主义国家独有的一种制度，彰显的是对英雄奉献精神和对劳动者劳动价值的肯定。长期以来，广大劳模以高度的主人翁责任感、忘我的拼搏奉献，以平凡的劳动创造了不平凡的业绩，通过辛勤劳动、诚实劳动、创造性劳动共筑中国梦，用先进思想和模范行为影响和带动全社会，引领着广大劳动者积极投身于中国特色社会主义伟大征程之中。

劳模文化作为社会主义先进文化中一颗璀璨的明珠，是极为宝贵的精神财富。劳模文化是党领导和紧紧依靠广大工人阶级和劳动群众在革命、建设和改革的历史进程中，经过广大劳动模范群体长期实践和不断创新，所形成的劳模人物、价值观念、信仰追求、道德规范、创业精神、助人风尚、劳动品格等物质和精神要素的总和。“爱岗敬业、争创一流、艰苦奋斗、勇于创新、淡泊名利、甘于奉献”的劳模精神充分诠释了劳模文化的本质内涵，进一步增强了社会主义核心价值观的凝聚力和引领力。以劳模精神为核心的劳模文化丰富了民族精神的内涵，是伟大时代精神的生动体现，是东北全面振兴、全方位振兴的宝贵精神财富和强大精神动力。

在东北老工业基地的历史长河中，具有伟大奋斗精神的老工业基地的广大劳动者，始终忘我劳动、砥砺奋进。在火红的创业年代，辽宁鞍钢第一代全国劳模孟泰从战后的废墟里刨出“孟泰仓库”，为中国的工业化谱写了自力更生的凯歌；黑龙江大庆油田铁人王进喜“宁可少活二十年，拼命也要拿下大油田”为中国建设竖起“爱国、创业、求实、奉献”的旗帜；吉林四平联合化工厂的“电石之王”王亚洲，一生都在不断钻研电石生产技术，为中国的成长奉献持之以恒的创新动能。正是无数像他们这样的劳动者，奠定了中国工业的基础，形成了具有鲜明特色的东北老工业基地劳模文化。改革开放以来，中国北车集团齐齐哈尔铁路车辆（集团）有限责任公司工人孙连海、中国科学院长春光学精密机械研究所蒋筑英、辽宁鞍钢集团郭明义等新型劳模群体，以助力中国梦早日实现的担当精神，以甘为事业“舍小家、为大家”淡泊名利的奉献精神，以努力提高生产质量和科学技术水平的创新精神，诠释着新时代劳动的价值和劳模文化的新发展。

新时代新使命呼唤劳模精神，构建劳模文化。新时代呼唤的不仅是技艺超群的技术能手、职业先锋，更是广大劳动者爱岗敬业、创新创业的劳模精神汇聚，自觉把人生理想、家庭幸福融入国家富强、民族复兴的伟业之中。弘扬劳模精神的独特价值还在于，促进东北老工业基地在工艺创新、产品创新和质量提升等方面取得突破，加快转型、发力创新，把助力东北振兴和辽宁振兴发展作为使命担当。研究梳理东北老工业基地劳动模范群体和劳模文化的历史演化，追问劳模文化本质的内在规定，探讨劳模文化的外在呈现，就是要推动崇尚劳动、尊重劳动者成为社会的主旋律，成为人民的自觉行为。

劳动铸就中国梦。幸福不会从天而降，梦想不会自动成真。大力弘扬劳模精神、劳动精神和工匠精神，引导全社会形成劳动最光荣、劳动最崇高、劳动最伟大、劳动最美丽的浓厚氛围。激励劳动群众以劳模为榜样，调动和发挥群众参与积极性，在劳动中成就个人价值，体现社会价值，是新时代传承劳模精神的要求，也是劳模文化现实存在的根本要求和必然逻辑。

目　录

第一章　东北（辽宁）老工业基地的历史演化 …………………………… 1

第一节　形成与发展时期：发展奠基，助力全国（1949～1957 年） …………………………… 2

第二节　曲折前行时期：困难重重，艰苦跋涉（1958～1978 年） …………………………… 7

第三节　改革转型时期：重获机遇，沉疴逐现（1978～2002 年） …………………………… 14

第四节　振兴创新时期：科学发展，细划振兴（2002 年至今） …………………………… 20

第五节　东北（辽宁）老工业基地的地位和历史贡献 ………… 28

第二章　东北（辽宁）老工业基地劳模文化本质的历史生成 …………… 39

第一节　我国劳模制度概述 …………………………… 39

第二节　东北老工业基地劳动模范形象与特征的阶段性演进 ……… 45

第三节　东北（辽宁）老工业基地劳动模范形象与特征的演进逻辑 …………………………… 62

第三章　东北（辽宁）老工业基地劳模文化本质的内在追问 …………… 70

第一节　东北（辽宁）老工业基地劳模文化的产生 ………… 70

第二节　劳模文化本质的理论渊源 …………………………… 72

第三节　东北老工业基地劳模文化本质的内涵阐释………… 114

第四节　东北（辽宁）老工业基地劳模文化本质的精神意蕴 …… 117

第四章　东北（辽宁）老工业基地劳模文化本质的外在呈现 ………… 123

第一节　东北（辽宁）老工业基地劳模文化本质的现实存在 …… 123

第二节　东北（辽宁）老工业基地劳模文化的存在载体 ………… 126

第三节　东北（辽宁）老工业基地劳模文化存在的历史和现实作用 ………… 133

第五章　东北老工业基地劳模文化本质的时代彰显 ………… 140

第一节　东北老工业基地劳模文化的转型发展 ………… 140

第二节　东北老工业基地劳模文化资源的开发利用 ………… 154

后　记 ………… 174

习近平总书记指出：一个民族的复兴需要强大的物质力量，也需要强大的精神力量。[1]东北老工业基地是中国工业的摇篮，为我国的现代化做出过杰出贡献。深化改革，加快东北（辽宁）老工业基地全面振兴，是我国区域协调发展战略的重要组成部分。当前，东北正处于爬坡过坎、滚石上山的关键时期，振兴发展的任务愈加艰巨，更需要凝心聚力。东北老工业基地的发展历史是中国现代工业文明的一份宝贵遗产，在这份记录中国现代经济体系建构、成长的遗产中，蕴含着深厚的劳模文化，它凝聚着支撑共和国发展壮大的奉献精神、创造精神以及建设东北的精神追求，造就出一支拥有“劳模精神”的产业工人大军。在决胜全面建成小康社会，进而走向现代化的伟大征程中，劳模精神正转化为东北老工业基地凤凰涅槃、再创辉煌的核心力量。

时代呼唤使命，使命呼唤担当。东北地区是我国重要的工业和农业基地，维护国家国防安全、粮食安全、生态安全、能源安全、产业安全的战略地位十分重要，关乎国家发展大局。伴随着中国特色社会主义进入新时代，东北地区成为全国经济的重要增长极，在国家发展全局中举足轻重，在全国现代化建设中至关重要，历史使命更加艰巨，担当的民族责任更加重大。劳模文化作为先进生产力的代表，作为社会主义先进文化的重要组成部分，就其本质进行历史追溯与理论阐释，对彰显劳模文化的时代特色、发挥劳模精神的时代价值、为东北老工业基地全面振兴汇聚磅礴精神力量，具有重要的理论意义与时代价值。

第一章　东北（辽宁）老工业基地的历史演化

东北老工业基地是中华人民共和国工业的摇篮，在历史上扮演了举足

① 习近平：《在文艺工作座谈会上的讲话》，人民出版社，2015，第 5 页。

轻重的角色，东北地区工业的发展历史可以看作中国现当代工业发展历史的缩影，东北老工业基地的发展与振兴在中国特色社会主义新时代对于国家建设发展具有极大的参考价值。与国家发展命运同向同行的东北老工业基地，其发展历程也具有时代发展的深深烙印。

从历史的角度分析东北老工业基地的发展脉络，东北老工业基地从萌芽、建设、发展直到今天，经历了多个阶段，伴随着历史前进与时代变革，体现出不同的时代特征，在不同的历史阶段，其经济、政治、文化等领域都发生了深层次的变化，特别是在工业生产的前沿，涌现出了具有地域特色和强烈代表性的劳动模范与劳模文化，为东北老工业基地的发展注入了人文力量。作为东北地区人文精神的代表，劳模文化的发展历程与东北老工业基地的演变同向同行。欲探求劳模文化的深层次意义与当代价值，首先要探讨其历史渊源。劳模文化在不同历史阶段有着不同的特征表现，因而对东北老工业基地发展历史的分析成为课题首先需要探究的问题。国家命运也与东北老工业基地命运和劳模文化形成了紧密相连的线性联系。在中华人民共和国成立恢复时期、建设探索时期、动荡曲折时期与改革开放时期，东北地区的发展水平与综合实力呈现鲜明的时代特色，大致经历了形成与发展、曲折前行、改革转型、振兴创新几个时期。

第一节　形成与发展时期：发展奠基，助力全国（1949～1957年）

在中华人民共和国成立前后的数年间，党在东北地区开展了一系列恢复和建设工作，一方面利用原有日伪与国民党时期的工业基础，一方面开展经济建设委员会相关政策建设活动与新纪录运动，为东北地区老工业基地奠定了重要基础，工业建设初见规模。劳动人民参与建设的热情高涨，涌现出一批具有代表性、号召性的劳动模范，这成为之后“一五”计划等建设顺利开展的重要精神力量。

一　中华人民共和国成立前党对东北老工业基地的建设发展

东北地区工业发展历史悠久，“闯关东”打破了东北地区与关内的隔绝局面，东北地区开始与近代文明接轨。奉系军阀时期军阀对东北进行过短期建设。沦陷时期东北工业有了一定程度的发展，但当时的工业建设主要以掠夺资源为目的，为日寇侵华战争服务。抗战结束后国民党接管了东北地区的鞍钢等重要工厂，进行改组并着手恢复生产，对工业进行了部分修复，为之后的工业发展打下了一定基础。

作为中国先进生产力的代表，中国共产党在革命时期就对工业问题予以高度重视，1944 年毛泽东在一次招待会上指出："我们共产党是要努力于中国的工业化的。"① "中国落后的原因，主要的是没有新式工业。"② 1945 年，党的第七次全国代表大会上，毛泽东又在报告中强调：现在我们的基础是不巩固的，因为我们根据地在经济上还是手工业，没有大工业，没有重工业，在地域上也没有连成一片。如果我们把现在的一切根据地都丢了，只要我们有了东北，中国革命就有了巩固的基础。毛泽东的论断合理分析了当时东北的具体地位，指出了东北地区的工业化对全国经济的重大影响，为中华人民共和国成立后党和国家开展的一系列大规模建设东北的政策举措奠定了理论基础。

党的七大之后，党和国家开始建设东北工业基地，其间经历了一系列曲折与斗争。1945 年 8 月，国民党政府意图独自接收东北，向中共领导的第十八集团军下达了原地驻防的命令。毛泽东当即下达指令，在日军尚未投降之前果断抢占东北。中共中央于 1945 年 9 月下旬做出了战略重心由南向北转移的重大决策部署。1945 年 12 月，毛泽东为中共中央起草了给东北局关于《建立巩固的东北根据地》的指示，指示提出把整个工作的重心转到创建巩固的东北根据地上来，这进一步明确了东北地区的重要性，预见到了东北斗争的艰苦性，确定了中国共产党在东北的任务是在距离国民党占领区较远的城市和广大乡村，建立巩固的根据地，发动群众，逐步积蓄力量，准备在将来转入反攻。中共中央的方针随后得以有效实施，取得了解放东北的伟大胜利。同时，苏联军队进入东北以后，党中央认识到东北地区的发展需要来自苏联的支持和援助，因此较早地同苏联展开会谈，谋

---

① 《毛泽东文集》第 3 卷，人民出版社，1996，第 146 页。

② 《毛泽东文集》第 3 卷，人民出版社，1996，第 146 页。

求合作，希望能够在东北地区建设工业基地。中华人民共和国成立后，毛泽东同志亲自前往苏联进行谈判，苏联同意为东北工业基地的建设提供必要的物质和技术支持。东北全境解放以后，中共中央东北局提出经济建设特别是工业建设是东北全党压倒一切的中心任务。

这一时期，东北地区的工业获得了极大的发展。通过东北财经委员会召开的东北财经会议以及其颁布的《东北解放区一九四八年经济建设计划大纲》等相关文件政策的落实，东北地区的工业发生了多方面变化。东北地区的经济工作着重于恢复和发展生产，从农业来看，伴随着土地改革的进行，农民生产积极性大大提高，工业上则主抓军队工业，以东北工业支援解放战争。在这一过程中，分散的工业都被收归国有，实现了统一管理，在中国较早地实行计划经济体制，使得宏观经济的发展取得了很大成绩。厂矿企业也较早地起步谋求工业化，对科学管理制度、先进生产方式等进行了有益的探索，公有制经济获得支持，而私营工业也获得了较为稳定的发展空间，这为中华人民共和国成立后开展的一系列恢复与兴建工作打下了良好的基础。

从旧社会到新中国的转变，使广大劳动者切身感受到在中国共产党领导下劳动已经发生了质的变化，劳动的意义是为了自己乃至为了国家的发展与社会的进步，这与旧社会为剥削者劳动有着根本的区别，因而广大劳动者的工作热情被激发，都积极投身到东北地区生产的恢复和发展中去，在平凡的岗位上不断创新，提高生产效率，刻苦钻研，实现技术突破，提升自我。劳动者积极提高个人素质，无私奉献，东北地区涌现出一批具有代表性的劳模，他们带动了劳动者整体劳动观念的转变，为劳动生产注入了新的精神动力，带动更多的劳动者投入到轰轰烈烈的生产竞赛当中，为辽宁省后续大规模工业建设营造了浓厚热烈的生产劳动氛围。

二　中华人民共和国成立初期东北老工业基地的恢复与发展

1949 年，东北地区国民经济计划制定完成，这是中共领导下的解放区的第一个国民经济计划，也是即将建立的中华人民共和国的第一个国民经济计划。在各方面支持和努力下，1949 年东北各项工业均完成或超额完成了生产计划。这一年主要产品产量计划执行的结果是：生铁 172500 吨，完成183.5%；平炉钢锭100933吨，完成128.4%；电炉钢锭6684吨，完成157%；电铜1875吨，完成125%；电铝2062吨，完成103%；原煤11242805吨，完成124%。[①]

同时，“新纪录运动”兴起。“新纪录运动”最早可以追溯到东北工业部领导的群众性反浪费斗争。1949年，东北工业部在对所属煤矿、机械、电业等8个管理局，鞍钢、本钢和抚顺矿务局进行生产检查之后，针对存在的国家资产浪费问题，决定开展一场群众性的反浪费斗争。“在群众性的反浪费斗争已经展开之后，要深入这个斗争，做到积极地具体地克服生产中的浪费最重要的一环，就是开展群众性的创造新纪录运动。”1949年10月，东北工业部发布《关于开展群众性创造生产新纪录的决定》，明确提出：“工业部在总结了机械厂最近创造生产新纪录的经验后，认为我们所有的厂矿应该把这一经验发挥与扩大”，“把它形成为一个‘普遍创造生产新纪录的群众运动’”。1949年10月10日，东北工业部在沈阳召开新纪录运动动员大会，时任东北人民政府副主席的李富春出席大会并作了报告。

在工业基地迅速发展的同时，生活劳动在东北地区基层一线的劳动者也以极大的热情和昂扬的斗志投身于中华人民共和国的建设当中。此时的劳动者已经认识到，劳动已不再是之前的奴役劳动、强迫劳动，现在的劳动是为了共同的利益，是为了自身的发展，因此广大劳动者自觉主动地以“新的劳动态度对待新的劳动”，展现出新时期劳动者积极进取的精神风貌。这一精神状态的典型表现就是“新纪录运动”的兴起和发展。

广大职工在“新纪录运动”中提高了个人的觉悟，改变了过去消极的劳动观，工作热情明显增强，劳动生产率得到了显著的提高。创新纪录已由个人行为发展成集体行动，如当时出现了“马恒昌小组”“赵国有工部”等。[②] 在这样的劳动环境下，人人争先进，人人做劳模，一时间东北地区优秀事迹频传，先进人物涌现，成为当时的劳动者竞相学习的榜样。广大劳动模范在其中发挥的作用功不可没，他们立足于本职工作，兢兢业业，一丝不苟，甘于奉献，在平凡的工作中不断推动技术创新，改革旧有的生产

---

① 东北行政委员会：《东北国营工业1949年主要产品生产情况表》，1950。

② 赵国有：《主人翁精神的历史凯歌——回忆创造新纪录运动》，《党史纵横》1990年第5期。

方式，推动劳动生产率的提高。从工人中涌现出的劳模具有平民性，为广大人民群众所接受与学习，在社会上充分发挥了模范典型作用与先锋带头作用。广大劳动者自发地向劳动模范学习，从学习他们的行为开始，进而转向深层次的学习。劳动模范在这一过程中广泛动员群众投入到经济建设中去，东北人民以“筚路蓝缕以启山林”的毅力与气魄面对重建工业基地的考验与挑战，在工业基地的发展过程中担当了主力，充分体现了工人阶级的力量，不仅推动了老工业基地的发展，同时助力了全国的工业化建设发展。

三 “一五”计划的加速推进对东北老工业基地的影响

在国民经济恢复和“一五”计划期间，辽宁省以劳动模范为典型代表的广大劳动者，集中全力搞建设，极大地促进了辽宁省的经济社会发展。中华人民共和国成立后，东北地区工业化加速推进。在政策支持下，东北地区对外交流扩大，在苏联的援建下展开了“一五”计划建设。党和国家积极推动中苏合作，签署《中苏友好同盟互助条约》等一系列协议，并在“一五”计划期间加大对东北地区工业基地的建设，使东北地区在短短几年间得到了充分的发展。在“一五”计划期间，苏联援建中国 156 个项目，其中辽宁省 24 项、吉林省 11 项、黑龙江省 22 项，共计 57 项。[①]

在“一五”计划时期，东北丰厚的自然资源得以广泛开发利用，原有的工业基础得以恢复、发展。作为首先实行计划经济体制的地区，国家在接受苏联援建的同时动员全国力量，在此进行了一系列的配套建设。鞍山钢铁公司、本溪钢铁公司、沈阳第一机床厂、长春第一汽车制造厂、吉林“三大化”、中国第一重型机械集团公司等援建项目在“一五”计划期间得以迅速发展，重工业比重快速增加。以辽宁省为例，1949 年重工业产值在轻重工业产值构成中占比 39.5%，在三年恢复期之后，1952 年占比已过半，达到 57.8%，到 1956 年，已达到 72.4%。[②] “一五”计划期间，辽宁省顺

① 《1949～1984 辽宁三十五年——经济和社会发展成就》，辽宁人民出版社，1984，第 209 页。

② 《1949～1984 辽宁三十五年——经济和社会发展成就》，辽宁人民出版社，1984，第 209 页。

利完成了以鞍钢为中心的工业基地的建设任务，工业基础大大增强，形成了以鞍山、本溪的钢铁工业，抚顺、阜新的煤炭工业，沈阳、旅大的机械工业和抚顺、锦西、旅大的石油、化学工业等几个基点为中心的工业网。重工业的快速发展为中华人民共和国的工业化进程注入了强大的动力。“一五”计划的实施与胜利完成，使东北地区本身的国民经济结构也发生了很大的变化，在中央的重点建设下，东北工业基地拥有了相当强大的钢铁、机械、电力、煤炭、化工等工业，初步奠定了我国工业化的基础。

这一时期，广大劳动者积极配合、相互协作，以群体的方式在生产线上发挥作用。劳动模范与先进生产者自发地团结起来，同时动员和组织工程技术人员，积极投身于群众性的技术协作活动，在各自的工作岗位上相互交流，主动要求自我提高，努力学习新知识。很多劳动模范积极引导广大生产者，如劳动模范常永芬开办“常永芬技术学校”，在自己不断钻研的同时，将新技术传授给更多的人，实现了共同进步和共同发展，在广大群众中推广了先进经验，推动了技术革新。劳动模范不再是以个人的形象出现，而是以群体的方式在发挥作用。

“一五”计划建设期间，东北的工业结构实现了由原有的以农业为主到强调发展重工业的重心转移，同时在重工业的发展过程中偏重于资源导向型工业，如辽宁的鞍钢、黑龙江的大庆油田等建设成果。这一现象的形成首先是受到国家整体经济环境的影响，在这一阶段东北地区首先实行计划经济体制，实现了资源聚集，集中全国之力重点发展，而后再反哺全国，这奠定了东北老工业基地的基本格局。另外“一五”计划时期的国际局势复杂，东北地区受到苏联援助较多，发展建设带有浓厚的苏联色彩。在“一化三改”的大势下，东北地区成为全国工业发展的中心。

第二节　曲折前行时期：困难重重，艰苦跋涉（1958～1978年）

东北（辽宁）老工业基地在“一五”计划顺利完成之后，经历了一个异常复杂、曲折的发展过程。“大跃进”的发动与持续，使得东北老工业基地中各种矛盾不断积累，国民经济困难局面逐步加剧；国民经济调整时期尽管进行了大规模的工业调整，使得国民经济有所好转，但东北重工业仍是“单兵突进”；“文化大革命”时期放权改革背景下东北老工业基地进行的不成功的探索，依然没有解决老工业基地的“顽症”。这一时期，虽然东北老工业基地取得了一定的发展成就，但东北工业的颓势也已显露端倪。

一 “大跃进”对东北老工业基地发展的影响

在“一五”计划顺利开展的背景之下，安排在东北地区的57项苏联援建重点工程陆续开展。国家计委、国家经委的原有方针和设想是东北工业基地在1960年前后就能够基本建成，因此，“二五”计划时期内东北并不是投资建设的重点地区。

然而第二个五年计划才进行不久，“大跃进”运动的狂澜就席卷全国。“大跃进”运动的兴起，从实践上改变了国家的最初设想和计划。在此期间，东北地区的各级政府领导人虽然有来自上面的压力，但是也想要借助“大跃进”这股东风大干一场。他们认为东北工业基础比较好，资源丰富，利用原有企业进行改建、扩建或新建，就可能用较少的投资收到较快较好的效果，有利于为全国争取时间早日完成赶超英国、赶上美国的伟大任务。当时重新修订的计划方案表明，第二个五年计划期间辽宁全省地方工业由原来计划增长3倍修订为增长5.57倍，差不多又翻了一番。这其中重工业增长7.4倍，轻工业增长3.55倍，到1962年重工业的比重将由1957年的52.3%上升到66.9%，轻工业的比重将由47.7%下降到33.1%。[①] 从数据中可以看出，东北地区领导人并不被中央所给的计划所限制，希望东北工业能够在“二五”期间获得巨大发展。

在“大跃进”时期的战略思想指导下，东北重工业得到迅猛扩张，其中钢铁工业的高速发展是“大跃进”运动的一个突出表现。中央针对东北地区的指导思想也转化成“以钢为纲，全面跃进，加快建设速度”。1958年全国钢产量定位1070万吨，国家分配给东北地区的指标是525万吨，东北协作区打算完成562万吨的钢指标，其中吉林省15万吨，黑龙江省47万吨，辽宁省500万吨。辽宁省作为当时全国最重要的钢铁工业基地，为了完

---

① 石建国：《浅析“大跃进”对东北工业的影响》，《中国经济史研究》2007年第4期。

成“大跃进”的高指标，“鞍钢”开展了夺钢大赛，1958 年即产钢 392 万吨，1959 年钢产量达到 518 万吨，1960 年达到 561 万吨。1960 年辽宁全省的钢产量达到了 748 万吨。

在此期间，辽宁省的机械工业也获得了超高速的发展，机械工业部提出了“全民动手，快马加鞭，提供更多更好的机器，保证社会主义建设的高速发展”的口号，在全省掀起了大办机械工业的热潮。到 1960 年，辽宁省机械工业总产值已经达到 80. 5 亿元，较 1957 年增长了 2. 3 倍。在运动中也出现了一些新产品，如 220 千伏级高压输电设备，80 × 2500 毫米精密丝杆车床等。但机械工业总体盲目生产，加剧了国民经济比例关系失调的程度。①

“大跃进”运动背景下的这种经济方针，第一，使得东北的重化工业短期内急剧膨胀，从数据上看，三年“大跃进”，工业所占比重飙升到 88. 1%，农业生产严重滑坡，使得工业与国民经济其他方面的建设极不配套；第二，在工业结构内部也产生了极不平衡的比例关系，轻工业发展严重滞后，如在 1959 年工业产值中，轻工业方面，抚顺占 3%，鞍山占 5%，本溪和阜新只占 2%②；第三，重工业内部各行业关系也处于一种失调状态，东北工业基地的机械制造业等高耗能的工业不断提出新的建设和发展要求，而钢铁工业的持续“跃进”状态又使得东北工业经济长期处于高压紧张运行状态，煤炭和电力等工业用尽了方法来发展也还是落后于整个工业；第四，在生产“大跃进”的状态之下，省份之间的某些生产协作关系出现混乱的现象，以当时东北地区的辽宁省为例，其有些协作关系被打乱，有的迟迟不签订合同或者已经签订合同而不能执行，由于某些协作关系被打乱，生产用物资不能保证供应，不能完成原定计划，反过来直接影响到支援全国任务的完成。③

由此我们可以看出，虽然东北老工业基地在“大跃进”运动的带动下，在重工业方面取得了一定的成果与发展，但是计划经济条件下的工业增长

① 石建国：《浅析“大跃进”对东北工业的影响》，《中国经济史研究》2007 年第 4 期。

② 《第八次全国计划会议简报》第 35 期，1959 年 11 月 10 日。

③ 辽宁省计委：《关于当前我省与各省市之间生产协作方面的一些情况》，1959 年 1 月 24 日。

以极其夸张的形式使东北工业基地的发展产生了颇多问题，同时钢铁行业的强势膨胀也引起了经济关系各个方面的紧张，这种矛盾随着“大跃进”运动的扩张而不断放大，导致国民经济持续严重困难。“大跃进”运动带来的后果也对东北地区之后的工业发展产生了巨大影响。因此，东北老工业基地才会开始了长达五年的经济调整时期。

值得一提的是，在1959年9月26日以松辽盆地第三口基准井——“松基3井”喜获工业油流为标志，大庆油田宣告诞生。其中涌现出了以“铁人”王进喜为代表的一大批劳模，并提供了宝贵的劳模精神财富——“铁人”精神。这是对王进喜崇高思想、优秀品德的高度概括，是构建大庆油田劳模文化的内核，也集中体现出了我国石油工人的精神风貌。在大庆油田的开发和建设的伟大实践中，“铁人”敢为天下先、敢于攻克难关的勇气和伟大志向，“为国分忧、为民族争气”的爱国主义精神，“宁可少活20年，拼命也要拿下大油田”的忘我拼搏精神，“有条件要上，没有条件创造条件也要上”的艰苦奋斗精神，“干工作要经得起子孙万代检查”“为革命练一身硬功夫、真本事”的科学求实精神，“甘愿为党和人民当一辈子老黄牛”、埋头苦干的奉献精神，在东北老工业基地持续发展的进程中，在面临三年严重困难、苏联调走了对我国进行技术援助专家的背景之下，鼓舞着东北人民战胜这些困难挫折，不断取得东北老工业基地工业新成果、新胜利，有着鲜活永恒的生命力。

二　国民经济调整对东北老工业基地经济的恢复发展

“大跃进”运动作为赶超战略的一次大胆的尝试，造成了东北工业基地重工业的畸形发展，使东北工业中的各种矛盾不断尖锐，国民经济困难的局面也逐步加剧，因此进行国民经济调整具有必要性和紧迫性。1961年中共八届九中全会提出“调整、巩固、充实、提高”的八字方针后，党和国家开始了全国范围内的经济调整工作。在该方针的指导之下，东北老工业基地也开始了国民经济的战略性调整，工业战线后撤，老工业基地重新恢复了良好的发展态势。

东北工业基地国民经济调整的一个重要举措就是重建中共中央东北局。其成立之初所确定的工业调整的具体方针任务是：提高质量、增加品种、发展尖端、补缺补短，充分挖掘潜力，提高劳动生产率，进一步建成更加完整的、具有高度技术水平的工业体系，以更好地支援全国，支援农业。在一定时间内着重进行“调整、巩固、充实、提高”，要把“提高”放在主要的地位。[①] 由此可见，中央和东北地方的目光仍集中在经济发展方面，将“提高”放在首要地位，并未认识到经济形势的严峻，没有意识到“调整”的重要性。

1962 年七千人大会之后，根据中央政治局常委的决定，由总理、几位副总理亲自下到各地，具体指导和严格督促。鉴于东北重工业多、城市多，情况复杂，困难尤为严重，为此周恩来主动提出，他负责前往东北地区。最终周恩来提出了三条具体调整的方针：①在整个经济布局上，要缩短工业战线，拉长农业战线；②在工业系统内，要缩短基本建设战线，拉长生产战线；③在机械设备方面，要先辅机，后主机，先维修，后制造。[②]

在中央正确方针的指引下，辽宁开始对国民经济进行全面整顿。经过三年调整，辽宁老工业基地再展“一五”时期的雄风，经济方面取得了一定的成果和发展，从数据上看，1963～1965 年工业总产值年均增长 183%，工业总产值达到历史最高水平。在此期间，辽宁研制生产出全国第一架战斗机，第一艘导弹潜艇，第一艘万吨巨轮，第一辆大功率内燃机车和第一台轮式拖拉机。1965 年同第一个五年计划结束时的 1957 年相比，钢和钢材产量增长 72%，生铁产量增长 40%，原煤产量增长 76%，发电量增长 1.6 倍，原油加工能力增长 3.6 倍。同时电子、纺织、新型化工等新兴行业开始崛起[③]，东北地区较以往而言基本形成了比例适当、结构合理的工业经济新格局。

总的来说，东北工业基地的调整是在非常时期采取的非常措施，它经历了一个复杂而又曲折的过程。毋庸置疑的是，东北老工业基地经过调整，采取关停并转厂矿企业、精简职工、加强支农产品和日用工业品生产以及加强企业管理等措施，国民经济形势确实出现了一定的好转，但同时也确

---

① 《宋任穷回忆录》，中国人民解放军出版社，2007。

② 顾卓新：《坚持原则和解决困难的高超领导艺术》，载中共中央文献研究室编《我们的周总理》，中央文献出版社，1990，第 190 页。

③ 王全有：《辽宁老工业基地的形成、发展与振兴》，《党史纵横》2014 年第 11 期。

实存在一些问题。东北工业没有在国民经济形势好转的基础上更进一步，没有拓展更大的发展空间，其主要原因之一是国家投资重点的转移，使东北工业基地主要依靠资本投入以实现经济增长的计划经济失去了支柱性的推动因素，再加上此次调整主要是由“五小”工业入手，东北工业的技术改造、工业整体设备更新等问题都未能及时得到解决，使得东北工业基地的技术水平与上海、天津等地区开始拉开差距。

三　“文化大革命”时期的放权改革对东北老工业基地的发展探索

20世纪60~70年代之交启动的经济放权改革是又一次探索。1969年5月10日，国务院决定鞍钢由辽宁省和冶金工业部双重领导，由辽宁省主管。[①] 1970年3月5日，根据《第四个五年计划纲要（草案）》的精神，国务院拟定了《关于国务院工业交通各部直属企业下放地方管理的通知（草案）》。通知要求国务院工交各部的直属企业、事业单位绝大部分下放给地方管理；少数由中央部委和地方双重领导，以地方为主；极少数的大型或骨干企业，由中央部委和地方双重领导，以中央部委为主。通知要求部直属企业下放工作在1970年内完成。[②]

在放权改革的背景之下，经济方面，东北老工业基地出现了过热的现象，资料数据统计中显示1971年和1972年两年辽宁省共增加职工40多万人，多用了临时工20万人，1972年工资总额预计达24.45亿元，较1971年增加了1.57亿元[③]，这给国家财政支出以及市场供应造成了一定的压力，可见这并没有使东北老工业基地获得新生。

东北地区的工业生产方面其实也不尽如人意。以辽宁省为例，1973年该省工业总产值比上年增长9.8%，1974年增长7%，1975年增长6.5%，而1976年则只增长了6%，增长幅度一年比一年下降。此外辽宁的工业技术更新也未提上日程，工业设备较为陈旧，其工业生产增长近60%是靠人增加的[④]，机械化水平依然不高。

---

① 鞍钢史志编纂委员会：《鞍钢志（1916~1985）》下卷，人民出版社，1994，第6页。

② 邓力群：《当代中国的经济体制改革》，中国社会科学出版社，1984，第136页。

③ 石建国：《文革时期放权改革对东北工业的影响》，《当代中国史研究》2008年第3期。

④ 石建国：《文革时期放权改革对东北工业的影响》，《当代中国史研究》2008年第3期。

但即使是在当时政治环境极端混乱的情况下，东北老工业基地的经济建设仍然取得了一定成果和进展。以辽宁为例，鞍钢新建了全国最大的11号高炉，本溪钢铁公司新建的液压自动调节电弧炉、大型干燥煤炼焦自动化装置，沈阳变压器厂的二十六万千伏安变压器、超高压电流互感器等，这些重点项目的建成投产，不但使辽宁工业主要产品的生产能力有了进一步提高，而且还发展了一些新兴工业行业和新产品。此外，辽宁航空工业自行设计试制出的新型高空高速歼击机——歼8型飞机，辽宁核工业系统研制的中国第一支镭标准源，都达到国际先进水平。其间，辽宁工业投资175.9亿元，建成重点项目222个，新增固定资产105亿元，本钢新建了第二炼钢厂和歪头山铁矿，辽宁还开发建设了辽河油田和产量居全国前列的辽河化肥厂和辽阳石油化纤公司。[①] 可见这一时期，东北地区的劳动人民顶着“文化大革命”的压力坚守在自己的工作岗位上，对这一时期的错误思潮进行了抵制和斗争，在逆境和挫折中克服重重干扰进行经济建设。此外劳动模范群体中的科研人员也不断地进行技术协作，取得了一系列工业建设的成果。这一时期所形成的劳模文化也为东北老工业基地进行社会主义现代化建设提供了精神动力，是东北老工业基地在这艰难时期仍有所成就、有所进步的一大原因。

通过以上的挫折和发展，可见放权改革虽然提升了东北地方政府的积极性，但是东北地方政府更倾向于用自己掌握的资金和物资来发展地方工业，而非下放企业进行改造。可以说“文化大革命”期间的放权改革是一次由收到放的不成功的探索，这使东北工业基地工业水平在原有基础上略有推进，但整体上来看，工业范围、工业设备的大规模更新和工业技术的改进却依然未能实现。

总体而言，“大跃进”运动的爆发导致了东北老工业基地发展的颓势，它以十分极端的形式，将计划经济体制下的东北老工业基地的工业经济增长推向了危险的边缘，重工业的单兵突进引起经济关系多个方面的紧张，成为压倒国民经济的最后一根稻草。“大跃进”运动对东北老工业基地发展的影响是具有破坏性、持续性的，给老工业基地带来的发展恶果也使其难

---

① 王全有：《辽宁老工业基地的形成、发展与振兴》，《党史纵横》2014年第11期。

以为继。而后的国民经济调整时期，虽然东北老工业基地的经济水平得以一定程度上的恢复和提高，但是政策上仍着眼于“提高”而非“调整”，也使东北老工业基地重工业单兵突进这一“顽疾”未能消解，错过了一个非常好的调整机会。以上所提到的东北老工业基地中的矛盾和问题，历经“大跃进”时期的衍生和激发，国民经济调整时期的缓和，一直持续到“文化大革命”时期。这些工业发展上潜在的矛盾不断地累积和沉淀，成为东北老工业基地在改革开放后仍处于困境的一个重要原因。

第三节 改革转型时期：重获机遇，沉疴逐现（1978～2002年）

1978年党的十一届三中全会以后，以邓小平为代表的第二代中央领导集体，秉承解放思想、实事求是的宗旨，对我国区域经济发展过程中所面临的新的国内形势以及国际形势，进行了重新审视，而以此为标志，东北老工业基地也拉开了改革开放的序幕，进入了一个全新的发展时期。

一 工业发展的新结构

在进行工业机构调整之前，东北老工业基地主要存在几个特点：轻重工业比例失衡、发展的不可持续性和国营经济的绝对统治。

出于地理条件和历史沿革的因素，东北老工业基地一直以传统产业尤其是重工业为主，重工业所占的比例大大高于轻工业。而在工业化的发展进程这个问题上，德国经济学家W. G. 霍夫曼（W. G. Hoffman）曾提出过“霍夫曼定理”，指资本资料工业在制造业中占比重不断上升并超过消费资料工业所占比重，根据霍夫曼定理，工业化进程分为四个发展阶段，在第一阶段中，消费资料工业发展迅速，在制造业中占统治地位，而后消费资料工业发展速度逐渐减缓，而资本资料工业发展则较快，到第四阶段时，资本资料工业在制造业中的比重超过消费资料工业并持续上升。霍夫曼对20多个国家1880～1929年的工业数据进行归纳得出了这个结论，但其实到了20世纪20年代末期，在英、法、美、德等处于工业化中期末的国家，资本资料工业和消费资料工业的比重才大致齐平。对照这个发展过程，东北地区的工业化进程显示出了一定的早熟和畸形的特点[①]，伪满洲国时期，东北重工业就受到绝大部分的工业投资支持，1943 年重工业投资占比 79.2%[②]，重工业所占比例迅速超过了轻工业，也远远超过了霍夫曼定理第四阶段的指标，这种工业结构显然不符合工业经济发展的一般规律。

此外，东北地区的有色金属和煤、石墨、菱镁矿等非金属类资源储量丰富，这是东北重工业得以发展的重要条件，但也导致了资源依赖型工业的形成。采掘工业和冶炼工业等对原材料和能源都存在较大的依赖性，资源消耗量也很大，并且随着开发强度的提高和规模的扩大，部分资源出现了萎缩甚至枯竭的情况，而生产过程中产生的废气、废水、废渣更是对区域环境造成了短期内难以修复的损害，东北老工业基地的工业发展存在不可持续性。

伪满洲国时期，日本帝国主义为了达到掠夺战略资源的目的，在东北实行了全面的垄断政策，建立了大批会社，这些会社都具有“国营企业”的特征。抗战胜利和东北解放后，在接收日伪资产、官僚资本和官办企业的过程中，东北地区建立起了国营工业。中华人民共和国成立后，国家的大规模投资经营成为东北老工业基地发展的主要动力，国营经济的统治地位也基本确定下来。

随着改革的逐渐开展和不断深入，东北工业经济发展的状况发生了明显的变化。首先，从所有制结构方面来看，非国有经济成分的工业在比重上呈现出上升趋势，而全民所有制工业的比重则是在逐渐下降。同时，从产业结构方面来说，新兴产业的比重在上升，而传统产业的比重则有所下降，而在东北老工业基地长期占据主导地位的第二产业比重下降，第三产业比重则有所上升。[③] 工业中的轻重比例关系也就在这个调整的过程中逐渐地向更加合理的方向发展。

在这一时期，虽然国有经济的比重有所下降，但是东北老工业基地的

① 衣保中、马伟：《东北老工业基地衰退的历史根源及振兴对策》，《长春金融高等专科学校学报》2015 年第 5 期。

② 衣保中、马伟：《东北老工业基地衰退的历史根源及振兴对策》，《长春金融高等专科学校学报》2015 年第 5 期。

③ 王询：《辽宁工业经济发展轨迹及反思》，《东北财经大学学报》2010 年第 4 期。

经济发展仍以国有经济为主体，同时，该时期东北老工业基地的产业布局相对集中，以特大城市为主体带动经济发展，各地区的支柱产业相继确立，[①] 形成了目前东北地区的产业结构的雏形。

二　对外开放的新活力

随着改革的不断深入，东北的工业经济逐渐显露出了一种“绝对上升相对衰退”的趋势，与南方沿海开放较早的各省份相比，与计划经济时期曾经的辉煌相比，东北老工业基地的工业经济发展显得步履维艰，各项经济发展指标在全国的位次渐显后移之势，存在资金匮乏、技术落后等严重问题。

针对这样的情况，辽宁在 1983 年办起了第一家合资企业，引进外资和先进技术，1984 年，大连被正式列为国家第二批开放的 14 个沿海城市之一，标志着东北地区正式对外开放，1988 年国家正式批准辽东半岛对外开放，对外开放地区扩大到 9 市 16 县。在这一良好的发展契机下，东北老工业基地针对东北工业存在的问题采取了相应的措施。一方面采取积极引入外资的方法，建立了许多经济开发区以吸引外资投入，“三资”企业也实现了迅速发展。东北地区利用外资进行发展的情况，数辽宁省最好，其次是黑龙江省，吉林省稍逊于前两省。此外，还积极引进国外的先进技术（主要来自德国、日本、美国），对原有的工业设备进行创新改造，以保证工业产品的质量和科技含量稳步提高。同时积极研究国外进口设备（如数控机床）的工作原理和装配方法，以求在与我国技术相结合的基础上创新。

东北地区在发展战略规划上也取得了一定的成就，为对外开放的顺利进行制定了蓝图。以辽宁省为例，在辽东半岛批准开放的同时，辽宁省委很快提出“一抓三带”的方针，即抓对外开放，带动经济体制改革，带动老工业基地改造，带动辽西北落后地区开发建设[②]，对外开放的思路非常明确。20 世纪 90 年代初辽宁省又进一步提出“一体两翼”的对外开放构想，

① 陈才、佟宝全：《东北老工业基地的基本建成及其历史经验》，《东北师大学报》（哲学社会科学版）2004 年第 5 期。

② 辽宁省人民政府发展研究中心课题组：《从历史走向未来——辽宁老工业基地的发展轨迹》，2003。

即以大连、沈阳为主体，以丹东、营口为两翼。之后，辽宁的对外开放发生了质的飞跃，以大连为龙头，以沈阳等中部城市群为腹地，以锦州为窗口，面向全省城乡的“三点一面”对外开放新格局开始形成。在大连、营口、沈阳3个国家级经济开发区建成之后，又建起13个省级经济开发区。辽宁的外贸出口和实际利用外资额度，也一度跃居全国第二位。

尽管对外开放战略的实施促进了东北老工业基地的发展及其发展方式的转变，但是由于计划经济模式的各种局限性，地区工业经济增长缓慢、技术进步放缓和研发水平较低等各种问题依然严峻。

三　国企改革的新面貌

在向市场经济转轨的背景下，东北老工业基地的多数大型国有企业却受制于传统计划经济体制的束缚，背负着历史沉重的包袱，难以适应市场的调整，企业的经营观念跟不上变化的潮流，经营机制也日渐僵化，导致技术进步和结构调整都达不到要求，企业的效益也因此大幅度下滑。面对竞争，东北老工业基地的大型国有企业没能成功地应对猛烈的冲击。20世纪90年代以后，在结构调整和体制改革的过程中，国有企业更是暴露出了尤为明显的问题，这些问题甚至成为制约东北老工业基地经济增长和影响东北地区社会稳定的重要因素。东北老工业基地的工业竞争力优势也逐渐减弱，工业增长速度也有相当程度的下滑。以沈阳为例，全市工业总产值的年均增长率在“六五”期间为10.4%，到1989年仅为0.9%。工业经济效益也持续下降，大多数企业效益低下，负债沉重，资金周转困难。沈阳市预算内企业留利人均水平1989年为276元，1990年为170元，1991年仅为18.9元，工人失业的问题也非常严重。[①]

1992年召开的党的十四大，正式提出建设社会主义市场经济体制和国有企业建立现代企业制度的目标，以此为标志，中国的国有企业改革不再局限于经营权的调整，而是深入到产权制度层面。1998年，国家将加快国有企业改革和发展确定为从该年起三年的经济体制改革的中心环节和重要任务，要求各地区、各部门要认真贯彻落实中央经济工作会议精神，增强

① 王询：《辽宁工业经济发展轨迹及反思》，《东北财经大学学报》2010年第4期。

国有企业改革的自觉性和紧迫感，力争用三年左右的时间，通过改革、改组、改造和加强管理，使大多数国有大中型亏损企业摆脱困境，力争在世纪末使大多数国有大中型骨干企业初步建立起现代企业制度。[①]

在中央的大力支持下，为解决工业经济发展中存在的问题，东北地区坚持以发展为主题，以结构调整为主线，以改革开放和科技进步为动力，致力于搞好老工业基地的调整和改造。以辽宁省为例，辽宁省委、省政府制定了“结构调整、外向牵动、科教兴省”三大战略，提出用高新技术改造传统产业、大力发展高新技术产业、搞好产品精深加工的“两高一深”工业发展方针，突出结构调整的主线，以制度创新和对外开放为两大动力，搞好老工业基地调整和改造。从1998年开始，辽宁举全省之力进行国有企业三年改革脱困攻坚战。2002年，资源枯竭城市发展接续产业首先在阜新市突破，拉动了全省经济的结构调整，促进了产业升级，为老工业基地振兴奠定了基础，工业经济竞争力也得到了相应的提高，汽车制造业、电子信息产业逐渐成为新的支柱产业，建材、轻工、医药、纺织四个传统产业得到进一步提升。到2002年底，70%左右的国有企业转制为非国有或非国有控股企业，国有大中型企业基本建立起了现代企业制度框架。[②]

这一时期的改革调整取得了一定的成就，为东北老工业基地的发展注入了新的活力，也为东北老工业基地对全国经济建设的支援工作奠定了基础，以辽宁为例，从1978年至1993年的16年里，辽宁按国家指令性计划和价格调出钢材平均每年400万吨；调出生铁平均每年210万吨；调出铝占同期产量的50%以上。[③]

但与此同时，东北老工业基地的发展却日渐缓慢。一是东北三省经济发展速度放缓，经济发展位次后移。1978～1995年全国平均增速高达9.88%，全国人均GDP提前实现了翻两番的目标，而东北地区背负着老工业基地和老农业基地的沉重包袱，经济发展缓慢。二是东北三省工业在全国的排位不断后移：辽宁省从全国第2位下降到第5位，吉林省从第15位

---

① 国家经济贸易委员会：《关于1998年国有企业改革和发展工作的意见》，1998。

② 辽宁省人民政府发展研究中心课题组：《从历史走向未来——辽宁老工业基地的发展轨迹》，2003。

③ 辽宁省人民政府发展研究中心课题组：《辽宁老工业基地的历史沿革》，2003。

降至第18位，黑龙江省则从第7位降至第14位。1980年黑龙江省的GDP与东部6省市的平均值相当，仅是上海的1/4；改革开放初期，辽宁省GDP是广东的2倍，而2003年广东GDP是辽宁的2倍。[①] 三是工业总产值占全国比重的下降。以辽宁省为例，1978年辽宁省工业总产值占全国8.86%，到了1998年则下降到5.61%，2003年持续下降到4.69%。[②]

这种情况的原因不是单一片面的，包括政策落实不够彻底、我国区域经济“非均衡发展”战略的影响等，其中思想文化缺乏活力、优秀的精神财富没有能得到继承和发扬是从东北老工业基地内部来说一个极为重要的原因。东北地区在历史上一直处于一个相对封闭的环境里，信息流转的通道较为闭塞，因此东北文化在形成的过程中就带有保守的色彩，缺乏活力和创造力。在改革开放这个风口下，东北老工业基地对于新政策、新体制的接受速度、落实程度并不如沿海地区；在进行产业调整的过程中，新兴产业尤其是技术导向型产业的发展没有一个很好的势头，在引进国外先进技术的基础上，进行自身技术创新的状况也并不乐观；中华人民共和国成立初期党和国家对东北老工业基地的大力扶持，使其过于依赖国家力量，缺乏依靠自身力量进行攻坚克难的勇气；多数人沉浸在计划经济时期发展的良好趋势中，享乐主义冲击了在前期建设过程中涌现出的以“大庆精神”为代表的一系列积极进取、不畏艰难的精神思想。

在这一时期，并不是没有恪尽职守、敢于进行创新突破的人物，刘桂琴、屈伟健、阎喜绵等都极具代表性，但是这些人物身上的优秀品质却得不到广大群众的推崇，也没能受到广泛的学习。以刘桂琴为例，从20世纪90年代初起，她就以合资合作为手段，引进国外资金和技术，开拓国际市场，先后创办了6家中外合资企业，同时，她带领工程技术人员同聘用的专家教授一起，围绕特种环保设备及其配套设备进行研究，新增工艺70余项，完成技术改造50余项，研发的FJ系列浮选净化机具有国际水平，填补了国内的空白，为东北老工业基地的工业发展助力颇多。但是研发的过程从一

① 朱哲、白艳：《中国区域经济发展战略的演变与东北经济的发展》，《社会科学战线》2009年第9期。

② 王询：《辽宁工业经济发展轨迹及反思》，《东北财经大学学报》2010年第4期。

开始就不被看好，取得出色成果后，耗费巨大财力聘用专家教授、培养工程技术人员的措施也没能得到较大范围内的认同。从文化思想上就没能与变革发展的大背景紧密契合，使得东北老工业基地不论是工业结构的调整，还是国企的改革，或是经济制度的改革都受到了一定程度上的制约，经济发展水平也逐渐下降，在全国范围内居于落后的位置。

第四节　振兴创新时期：科学发展，细划振兴（2002 年至今）

《中共中央国务院关于全面振兴东北地区等老工业基地的若干意见》中提到，自 2003 年实施东北振兴战略以来，在各方的努力之下，东北老工业基地的振兴已经取得了显著的成效并且取得了阶段性的成果。我们可以乐观地预见，目前取得的这些成就，将会为之后东北进一步发展打下良好的、坚实的基础。

一　十六大以来东北（辽宁）老工业基地的发展

从 2002 年开始，辽宁地区在经济、政治、生态、文化、社会和党建等层面均取得了一些重大的成就，东北老工业基地综合经济实力大幅提高。东北三省地区生产总值由 2003 年的 1.27 万亿元增加至 2011 年的 4.5 万亿元，人均地区生产总值 61686 元，位居全国第七，[①] 各项指标均有大幅增长。通过这些数据我们欣慰地看到，过去的共和国长子，正以全新的姿态重新展现在世人面前。

党的十六大以来，辽宁省深度落实三大区域发展战略，尤其是辽宁沿海经济带开发开放上升为国家战略，沈阳经济区获批为国家新型工业化综合配套改革试验区，更极大地提升了辽宁的地位。为推动辽宁区域经济更加协调发展，2008 年 11 月，辽宁省委、省政府又作出突破辽西北的战略部署，辽宁形成了完整的三大区域发展战略，区域发展开拓出了新局面。同时，产业结构调整也取得了新的进展。随着辽宁经济的发展，辽宁三次产

① 王全有：《辽宁老工业基地的形成、发展与振兴》，《党史纵横》2014 年第 11 期。

业的结构比例由12.5∶48∶39.5调整为10.3∶53.1∶36.6。其中，第二产业的比重在2005～2008年的增长速度更是高达近20%。农业结构的调整建立在总供需基本平衡的基础上，以提高经济效益和加强农业的基础地位为重点，实现了农业的稳定增长。工业方面的调整主要是在做大做强支柱产业、培育新兴产业和优先发展重点产业的基础上，延长产业链，加快产品的升级换代，淘汰一些落后的高能耗产业，使工业结构不断得到优化。国内庞大的市场需求，为辽宁第二产业的发展提供了巨大的机遇，工业的发展仍旧是辽宁地区经济增长的主要动力。

2010年4月获批为国家新型工业化综合配套改革试验区的沈阳经济区，同样魅力无限。2011年，沈阳经济区57个主导产业园区新引进项目1270个，总投资超过1万亿元，同比增长一倍以上。辽西北招商引资也取得不俗业绩。2011年阜新、铁岭、朝阳引进内资分别增长51.1%、47.7%、47.0%，实际利用外资分别增长36.4%、15.2%、30%。自2008年以来，辽宁实际利用外资连续四年进入全国“三甲”行列，特别是2010年实现了历史性突破，全年实际利用外资超过200亿美元，跃居全国第二位，2011年又以242.7亿美元的额度，蝉联全国第二。辽宁实际利用外资持续排在全国前列，这一事实表明，中国对外开放的峰值来到了辽宁。更可喜的是，民生保障和生态环境建设也取得了新的进展。2003年以来，基本养老保险试点率先在东北展开，国企下岗职工顺利实现社保并轨，基本养老保险等社保体系初步实现全覆盖。教育、医疗、文化等社会事业加快发展，基本公共服务保障能力进一步增强。东北三省累计改造棚户区近3亿平方米，近1500万群众生活条件大为改善。为加快推进大小兴安岭林区生态保护与经济转型，辽宁省印发《长白山林区生态保护与经济转型规划》，启动了深山远山林业职工搬迁和林场撤并调整工程试点。通过大力开展流域生态和环境综合治理工程，松花江、辽河等重点流域水质明显好转，东北地区累计人工造林超过1亿亩。

2003～2012年，辽宁走过了发展的“黄金十年”。这十年，是改革开放以来辽宁经济、社会发展最快，体制机制创新成效最显著，人民群众得到实惠最多的十年。十年的非凡历程，已深刻在辽宁辉煌的发展历史中。置身于东北老工业基地振兴的大背景下，辽宁勇于探索、锐意改革、创新开拓，经历大阵痛，实现大突破，走出了一条老工业基地振兴发展的科学道路。这十年，辽宁不仅收获了振兴的成果，更积累了宝贵的实践经验，这些经验将为新一轮振兴提供有益借鉴和重要参考。

二　近年东北（辽宁）老工业基地发展面临的困局及原因分析

东北（辽宁）老工业基地经过一段时间的高速发展之后，经济的下行压力开始逐渐增大。东北三省经济增速不仅低于全国平均水平，而且在全国31个省（区、市）中排在最后，除了GDP增速，工业、投资、财政均出现严重下滑。[①] 对东北地区经济增长面临的困局，学界给予高度关注，并归纳出了“新东北现象”“结构失衡说”“市场缺失说”“人口外流说”“体制束缚说”五大观点。但问题是这些学说仅仅停留在就事论事的层面，探索东北经济下行的原因，还需要更深层次的分析。

东北困局一方面是原有结构效应和制度效应在特定时空中最大程度地释放和集中爆发，同时又是我国经济进入新常态后外部效应的催化结果，是既有因素与新生因素的叠加，如国内消费需求转化和产能过剩导致对重化工产品需求的剧减、人口红利比全国提前消失、互联网等新技术变革对传统行业的冲击，等等。显然，根本出路还是在于深化改革、扩大开放、优化结构，要以供给侧结构性改革为动力，提升经济增长的质量、效益和活力。东北经济的严峻形势也表明，振兴东北老工业基地必须遵循区域发展演进规律，科学认识老工业基地振兴的综合性、复杂性和周期波动性。[②]

虽然改革的道路是艰难而又漫长的，但是老工业基地人民却感受到了前所未有的关怀与温暖，以习近平同志为核心的党中央始终高度关注和支持老工业基地的振兴发展，提出了一系列关于东北、辽宁振兴发展的重大战略思想和决策部署，为东北的振兴理清了思路、指明了方向。

三　十八大以来东北（辽宁）老工业基地扎实推进振兴发展

党的十八大以来，辽宁广大干部群众，坚定不移地贯彻落实党的十八

① 姜巍、张菀航：《东北振兴：“三年滚动方案”能否“四两拨千斤”?》，《中国发展观察》2016年第17期。

② 陈耀、王宁：《新常态下振兴东北需要再造新优势》，《党政干部学刊》2016年第3期。

大和十八届三中、四中、五中、六中全会精神，以习近平总书记系列重要讲话特别是对东北、辽宁振兴发展的重要指示精神为根本遵循和行动指南，统筹推进“五位一体”总体布局和协调推进“四个全面”战略布局，全面落实“四个着力”要求，坚定不移推进全面从严治党，各项事业都取得了新进展新成就。

当历史步入2014年，伴随着国发〔2014〕28号文件的下发，新一轮振兴东北老工业基地的大幕徐徐拉开。文件从11个方面、用35条措施吹响了全面深化改革的号角，文件内容准确地反映了东北地区面临的问题和矛盾。文件除了关注改革创新发展的一般性问题，还针对东北的特点和问题，提出了许多有针对性的意见和措施。文件的政策措施含金量很高，总共包含实质性支持政策措施100多项，其中很多是对现行政策的优化和拓展，充分体现了中央对东北的实质性倾斜和支持，辽宁老工业基地的发展又迎来了新的机遇。

28号文件坚持问题导向和底线思维，针对东北地区的特点和问题精准施策，提出了一系列具有针对性、实效性、操作性和能够实化、细化、具体化的政策举措。

一是关于深化改革、激发市场活力。进一步简政放权，提出“对已下放地方的投资项目审批事项，按照同级审批原则，依法将用地预审等相关前置审批事项下放地方政府负责”，鼓励辽宁省开展投资领域简政放权改革试点，尽量减少前置审批事项；支持民营经济发展，提出“在东北地区开展民营经济发展改革试点，创新扶持模式与政策，壮大一批民营企业集团，开展私营企业建立现代企业制度示范”，[①] 在东北地区试点民间资本，发起设立民营银行等金融机构；进一步放宽民间资本准入的行业和领域，抓紧实施鼓励社会资本参与的国家级重大投资示范项目；同时，要在基础设施、基础产业等领域推出一批鼓励社会资本参与的地方重大项目。

二是关于深化国有企业改革。推进地方国有企业改革，支持先行先试，拿出本级国有企业部分股权转让收益和资本经营收益，专项用于支付必需的改革成本；有序推进混合所有制企业管理层、技术骨干和员工出资参与

① 中共中央文献研究室编《十八大以来重要文献选编》，中央文献出版社，2016。

本企业改制；继续解决好国企改革历史遗留问题，加大支持力度，力争用 2~3 年时间，妥善解决厂办大集体、离退休人员社会化管理等历史遗留问题。

三是关于提升创新支撑能力。率先开展创新改革，在东北地区开展产学研用协同创新改革试验，打通产、学、研、用之间的有效通道。整合创新资源组建若干产业技术创新战略联盟，设立引导东北地区创新链整合的中央预算内投资专项，加大资金支持力度，集中实施一批重大创新工程。完善区域创新政策。研究在东北设立国家自主创新示范区；研究将中关村自主创新示范区有关试点政策向东北地区推广；研究利用国家外汇储备资金支持企业并购国外科技型企业的具体办法。加强创新基础条件建设。支持东北地区建设重大科技基础设施和研发平台，推动大型企业向社会和中小企业开放研究和检验检测设备，研究给予相应优惠政策。支持中科院在东北地区加强院地合作，建设产业技术创新平台。在高端装备制造和国防科技领域，国家重大人才工程要对东北地区给予重点支持。

四是关于提升产业竞争力。推进传统产业升级，要科学布局一批产业关联度高的重大产业项目。积极支持重大技术装备拓展国内外市场，扶持东北地区优势装备既能装备全国，又能走向世界。加快培育新兴产业。支持战略性新兴产业加快发展，对东北地区具有发展条件和比较优势的领域，国家优先布局安排。推动在沈阳、大连、哈尔滨等地设立军民融合发展示范园区。在东北地区设立国家级承接产业转移示范区，承接国内外产业转移。推进工业化和信息化融合发展，培育发展新一代信息技术产业，如云计算、物联网等产业。加快现代服务业发展。加快东北地区生产性服务业发展，在用电、用水等方面与工业企业实行相同价格，在用地方面给予重点支持。①

五是关于加快城市转型。全面推进城区老工业区和独立工矿区搬迁改造，从 2014 年起中央预算内投资每年安排 20 亿元专门用于东北地区城区老工业区和独立工矿区搬迁改造。可以通过开发性金融或发行企业债券支持

① 《关于深入推进实施新一轮东北振兴战略部署 加快推动东北地区经济企稳向好若干重要举措的意见》，中央文献出版社，2016。

城区老工业区和独立工矿区搬迁改造。加快城市基础设施改造，加大中央预算内投资支持力度，大力推进东北地区城市供热、供水等管网设施改造。结合既有建筑节能、供热管网改造以及热电联产机组建设，组织实施东北地区“暖房子”工程。

六是关于保障和改善民生。加快棚户区改造，中央预算内投资进一步向东北地区工矿、国有林区和垦区棚户区改造配套基础设施建设倾斜，同等条件下优先支持棚户区改造的企业发行债券融资，扩大东北地区棚户区改造项目“债贷组合”债券发行规模。关于社会保障问题：中央财政对企业职工基本养老保险的投入继续向东北地区倾斜，进一步提高企业退休人员基本养老金水平；妥善解决厂办大集体职工的社会保障问题，落实将关闭破产企业退休人员和困难企业职工纳入基本医疗保险的政策。[①]

七是关于生态和基础设施。关于生态问题：尽快将东北地区国有林区纳入停止商业性采伐范围；在有条件的地区开展退耕还湿和湿地生态移民试点；全面开展老矿区沉陷区、露天矿坑、矸石山、尾矿库等综合治理，按照“政府支持、市场化运作”方式，对工业废弃地和矿区历史遗留问题实施专项治理工程。关于加快重大基础设施建设：加快京沈高铁及其联络线等快速铁路建设，进行既有铁路线路扩能提速改造；启动京哈高速公路扩容改造；支持一批机场改扩建和支线机场新建工程；支持重点城市轨道交通建设；加大国际运输通道建设；加快电网建设，实施电力体制改革；加快开工建设一批重大水利工程和防洪减灾工程。

劳模文化的弘扬在助力辽宁振兴方面的作用不容忽视。劳模文化曾经为东北老工业基地的全面振兴提供了源源不断的精神生产力，对于全面振兴东北老工业基地有着不可忽视的价值。目前，东北地区面临着精神文化涣散、劳动者素质不适应生产力发展需求、企业家精神缺失等一系列问题。因此，必须通过继承老一辈的劳模精神，增强东北区域文化自信，加强制度建设，优化政治生态，健全劳模评选机制，充分发挥脑力劳动者的创造性，培育企业家精神，才能实现劳模文化与东北经济的紧密结合，助推东

① 《关于深入推进实施新一轮东北振兴战略部署　加快推动东北地区经济企稳向好若干重要举措的意见》，中央文献出版社，2016。

北老工业基地早日实现全面振兴。令人欣慰的是，在吹响振兴东北老工业基地的号角之后，东北地区，特别是辽宁地区涌现出了像郭明义、方文墨这样在不同领域各有所长的一批又一批优秀的劳动模范。他们坚守在各自平凡而又伟大的岗位上，身体力行地诠释了自中华人民共和国成立以来东北地区所传承的劳模精神。当东北地区的经济发展再次面临新的困境时，大力弘扬优秀的劳模文化就显得十分必要了。

通过各方的努力，东北（辽宁）老工业基地的振兴已经取得了初步的进展。

第一，体制机制得到逐渐完善，整个东北都在为改善投资环境而努力。近年来，辽宁省出台了全国第一个《优化营商环境条例》，设立省营商环境建设监督局；黑龙江省取消或下放省级行政权力 942 项，权力清单精简 71.2%，非行政许可审批全部清零；吉林省的省级非行政许可项目实现“零审批”，审批时限整体压缩 50%……东北三省用足政策红利，紧紧抓住改革攻坚的“牛鼻子”，以一步步关键落子打开振兴发展新局面。[①]

把视域提升至国家层面，十八大以来，党中央、国务院高度重视东北振兴工作。2016 年 4 月，《中共中央国务院关于全面振兴东北地区等老工业基地的若干意见》对外公布，从顶层设计和系统部署两个层面，谋划东北新一轮振兴方略，掀开了实施新一轮东北振兴战略的大幕。此后，《东北振兴“十三五”规划》《东北地区与东部地区部分省市对口合作工作方案》等文件相继出台。

习近平强调，坚决破除体制机制障碍，形成一个同市场完全对接、充满内在活力的体制机制，是推动东北老工业基地振兴的治本之策。

在中央和地方的共同努力下，东北地区破解“市场经济意识不强、市场化程度不高”等体制性问题，持续深化“放管服”改革，降低制度性交易成本，把过多、过滥干预市场的公权力关进制度的笼子里，以改革红利激发振兴发展更大活力。

第二，产业结构得到调整。东北等老工业基地振兴发展，不能再唱“工业一柱擎天，结构单一”的“二人转”，要做好加减乘除。巨大的下行

---

① 许欣：《东北振兴战略演进轨迹及其未来展望》，《改革》2017 年第 12 期。

压力让东北清醒过来：不调整产业结构、不推进经济转型，就无法激活东北经济的一池春水。一场深化供给侧结构性改革的攻坚战就此展开。

东北经济结构调整的成绩单十分靓丽。在吉林，2016 年服务业增加值占 GDP 比重突破 40%；在黑龙江，能源工业占经济总量比重由 2011 年的 22% 下降到 2016 年的 8%；在辽宁，截至 2017 年，服务业增加值占地区生产总值的比重达到 51.5%，比 2012 年提高 13.4 个百分点。①

问渠哪得清如许？为有源头活水来。在推进经济结构调整的同时，东北地区也不断加大开放力度，为东北振兴注入新的活力。从中国（辽宁）自由贸易试验区到哈长城市群，从哈尔滨新区、哈尔滨综合保税区到长春新区，一系列开放政策拓展了东北的国际化空间，为东北提供了更广阔的发展视野。

如今，东北正以更加包容、开放的姿态，通过经济结构调整，不断注入改革开放新内涵，为振兴东北老工业基地打造新引擎，为实现全面振兴奠定坚实基础。

第三，创新创业活动取得重大成果。近年来，东北地区在科技创新领域异军突起，“东北智造”成为引领东北经济发展的新“增长极”。以吉林为例，数据显示，近 5 年来，吉林省地区生产总值年均增长 8.0%，科技对经济增长贡献率达到 53.6%。

为了改善产业结构，激发企业和科研人员创新的积极性，哈尔滨市政府携手哈尔滨工业大学、中科院等科研机构创建了六大科技成果转化平台，已累计转化成果 2324 个，发展科技企业孵化器和众创空间 131 个，2017 年新增科技型企业 1219 户。

沈阳已发展机器人、无人机等创新联盟 44 家，企业技术中心 290 个，2017 年上半年全市专利申请量达到 9792 件，同比增长了 21%。高新技术产品产出占工业总产值比重也达到 55%。

第四，民生问题得到保障和改善。近年来，东北地区将保障和改善民生作为推动东北振兴的出发点和落脚点，使发展成果更多更公平地惠及全体人民，让人民群众有更多获得感。

---

① 许欣：《东北振兴战略演进轨迹及其未来展望》，《改革》2017 年第 12 期。

例如，5年来，吉林省累计完成200多项重大民生实事，投入民生资金11862亿元，占财政支出总量的79.4%，城乡居民人均可支配收入年均分别增长9.3%、9.7%。黑龙江省公共财政民生支出年均增长13.4%，城乡居民人均可支配收入年均分别增长8%和9%，累计减少贫困人口139万人，贫困发生率下降到3.2%。辽宁省坚持先生活、后生产，财政支出用于民生的比重超过75%，2018年上半年城乡常住居民人均可支配收入同比增长6.2%。

如今，无论经济发展，还是民生保障，东北地区都取得了令人瞩目的成就。然而，我们应当清醒地意识到，有效解决东北发展的体制机制问题和结构性矛盾并非一朝一夕之事。因此，只有抢抓机遇，久久为功，才能真正实现东北的全面振兴。我们坚信，在以习近平同志为核心的党中央的坚强领导下，东北地区走出低谷、重振雄风的道路必将越走越宽、越走越实、越走越好。

东北（辽宁）老工业基地发展的前景是光明的，但道路却是迂回曲折的。随着各项改革创新进程的不断加速，东北（辽宁）老工业基地宛如新生的“凤凰”，在二次振兴的道路上振翅飞翔。

第五节　东北（辽宁）老工业基地的地位和历史贡献

上文对东北（辽宁）老工业基地的形成和历史进行了详述，我们可以看到，在共和国建设发展的各个时期，老工业基地都起着举足轻重的作用。作为共和国工业长子的辽宁，不仅是东北的核心，而且在共和国的历史关键节点上也占有重要地位，发挥了不同寻常的作用。因此，有人说：中华人民共和国成立前后，辽宁对中国政权的建立和巩固起到了一省定乾坤的作用。①

一　形成发展时期——奋勇开拓的“共和国长子”

从“一五”计划开始，辽宁一直承担着较高的指令性计划和较重的财

① 赵立刚：《辽宁在共和国历史上的重要地位与作用》，《党史纵横》2009年第11期。

政上缴任务，[①] 同时还抽调了数十万名技术干部和技术工人支援其他地区建设。英雄的辽宁人民为共和国的国防建设，为巩固共和国的经济基础，为中华人民共和国形成独立完整的工业体系和国民经济体系，为国家的改革开放和现代化建设，做出了突出的贡献。因此，辽宁被誉为“共和国长子”。而“共和国长子”的奋勇开拓，则着重表现在以下几方面。

首先是工业奠基，奠定中华人民共和国的工业基础。中华人民共和国成立之初，中央人民政府面临着严峻的经济建设形势，国内生产力不仅十分落后，且布局极不平衡，一半以上的重工业集中在东北地区。近百年被奴役的历史，以及当时的国际形势，都要求中国在尽可能短的时间内强大起来。在这种极端困难的条件下，如何建立起独立完整的工业体系是中国共产党人要解决的重要问题。1952 年 8 月 15 日，周恩来率中国政府代表团赴苏，征求苏联对我国“一五”计划的意见，在得到苏方愿意提供设备、技术、资金和相关人才培训的承诺后，中国确定了优先发展重工业的战略决策。

经过“一五”时期的工业建设，以鞍钢为中心的东北工业基地已经基本建成，半殖民地半封建中国留下来的工业集中于沿海地区而内地工业很少发展的畸形状态，有了很大改变，在沿海和内地工业均有发展的条件下，工业得到了比较合理的分布。东北地区成为全国最大的钢铁工业基地、石油化学工业基地和机械工业基地。东北三省逐步以能源、原材料、军工和装备制造等重大工业门类为代表，构筑起中国工业的基本框架，初步形成了以重工业为主要特征的产业特色，成为我国的“国家战略产业基地”。[②] 当时建设的这些企业，设备与技术大体为苏联 20 世纪 40 年代的水平，主要为能源、原材料与机械工业，产品包括煤炭、电力、钢铁、铝、锅炉、汽车、电缆、风动工具、机床、汽轮发电机、量具刃具、滚珠轴承、氮肥、染料、工业用纸等。这些行业大部分是当时中国经济发展的“瓶颈”，产品供不应求。即使站在今天的高度来看，当时选择东北投资建设这些项目，

① 《辽宁省情通览：“共和国长子”的历史贡献》，新浪博客，http://blog.sina.com.cn/s/blog_8225bd540102vbgl.html，最后访问日期：2018 年 12 月 10 日。

② 《辽宁省情通览：“共和国长子”的历史贡献》，新浪博客，http://blog.sina.com.cn/s/blog_8225bd540102vbgl.html，最后访问日期：2018 年 12 月 10 日。

决策是科学的，投资效益也比较好。

其次是经济支柱，促进中国经济迅速发展。辽宁老工业基地在共和国的经济史上，曾创造过举世瞩目的辉煌。辽宁人曾创造了共和国工业史上无数个第一，如第一辆蒸汽机车、第一架喷气式飞机、第一艘万吨级远洋货轮、第一台拖拉机、第一条重轨、第一台大功率变压器、第一台重型水压机、第一台组合机床、第一台工业机器人、第一根无缝钢管、第一辆大功率的内燃机车、第一台晶体管的计算机等，都诞生在辽宁，在共和国工业史上留下了浓重的笔墨。“一五”和“二五”时期辽宁为国家生产了急需的原材料和装备产品，其间净调出成品钢材、铝、纯碱和水泥，占同期产量的2/3。辽宁大批量原材料被广泛运用在全国经济和国防建设的各条战线。从大庆油田到西南的成渝电气化铁路，从宝钢到扬子30万吨乙烯工程，从飞架南北的长江大桥到葛洲坝水电站等，都安装有辽宁生产制造的装备工业产品，辽宁老工业基地为中国的经济迅速恢复和发展做出了不可磨灭的贡献。

除此之外，辽宁老工业基地还发挥着人才摇篮的作用，为国家培养了大批人才。除了大批工业物资的输出之外，辽宁还向兄弟省区输出了建设人才。中华人民共和国建设初期，最紧缺的就是各方面的建设人才，辽宁坚持以实践为主，边干边学，以干带学的方式，通过短期训练、长期培养、业余教育、去苏联留学和学习、去兄弟厂矿培训等多种途径，迅速提高了广大职工和干部的技术及管理水平，并向兄弟省区输送了大批技术人才。辽宁省5年累计支援其他省区80321人，其中工程技术人员7445人，熟练技术工人56479人，管理干部16397人。[①] 除此之外，东北老工业基地还为我国经济建设创造了“大庆经验”“鞍钢宪法”等许多重要的建设经验，为建立、健全工业企业管理制度做出了突出贡献，为国家培养、输送了大批管理干部和技术人员。

这些成绩的取得离不开劳模文化的浸润，而当时劳模文化的主要特点就是“诚”——忠诚为国，赤诚建设。老工业基地的人民之所以有如此忠诚、赤诚之心的原因，无外乎以下几点：一是中华人民共和国成立，人民

---

① 赵立刚：《辽宁在共和国历史上的重要地位与作用》，《党史纵横》2009年第11期。

拥有了当家作主的权利，干劲十足；二是劳苦大众向往美好的生活，愿意为之奋斗；三是百姓从长期奴役中解放出来，深藏在心中的爱国之情集中爆发。正是这种劳模文化的成就，辽宁老工业基地才能取得如此丰厚的成果。

二　曲折前行时期——混乱中的“发动机”

“文化大革命”时期全国经济受到重创，尤其是经济薄弱地区更是受到了严重的破坏，而东北（辽宁）老工业基地虽然在全国的大环境下发展势头受阻，但它依然在起伏曲折、进退攻据中坚守，取得了喜人的成绩，带动了当时全国经济的发展。

“文化大革命”使东北（辽宁）老工业基地同全国各地一样，经济发展受到严重挫折。在以阶级斗争为纲的极“左”思潮影响下，工人罢工、学生停课，一度陷入无政府状态。但是，坚持正义、不屈不挠的辽宁人民以顽强的毅力和坚定的信念，不畏艰险，勇于斗争，努力使这场浩劫的危害降到最低。风雨过后，东北（辽宁）老工业基地重现生机。

在当时极端混乱的情况下，全省人民对错误思潮进行了抵制和斗争。在逆境和挫折中，辽宁人民经过不懈的努力，克服重重干扰，使辽宁经济建设仍然取得了一定进展。如鞍钢新建了全国最大的 11 号高炉，本溪钢铁公司新建了液压自动调节电弧炉、大型干燥煤炼焦自动化装置，本溪东方红水泥厂生产了特种钢筋防腐水泥等，这些重点项目的建成投产，不但使辽宁工业主要产品的生产能力有了进一步提高，而且还发展了一些新兴工业行业和新产品。此外，辽宁航空工业自行设计试制出的新型高空高速歼击机——歼 8 型飞机，辽宁核工业系统研制的中国第一支镭标准源，都达到国际先进水平。其间，辽宁工业投资 175.9 亿元，建成重点项目 222 个，新增固定资产 105 亿元，本钢新建了第二炼钢厂和歪头山铁矿，而且辽宁还开发建设了辽河油田及产量居全国前列的辽河化肥厂和辽阳石油化纤公司。[①]

越是艰难困苦，劳模的作用、劳模文化的作用就越是显著，无论是“大跃进”，还是“国民经济调整”，抑或是放权改革时期，劳模文化对混乱

① 王全有：《辽宁老工业基地的形成、发展与振兴》，《党史纵横》2014 年第 11 期。

中辽宁的发展功不可没。而这一时期它的突出表现则为“坚守”，在风雨中坚守国家大义，在默默实干中为“兴邦”做贡献。

三　改革转型时期——转轨改制的“示范窗”

东北（辽宁）老工业基地是我国实行计划经济最早也最为彻底的地区，转轨改制几乎面临所有地区可能出现的情况，所以，它的转轨改制更具有示范效应。

辽宁国有企业改革率先起步。辽宁省委认识到要搞好国企，关键在于不断提高技术水平。为此，1978 年 3 月召开的辽宁省第二次工业学大庆会议指出：“科学技术是生产力，狠抓技术革命，生产就迅速发展。老工业基地老企业多，设备陈旧，技术落后，更需要坚持挖潜、革新、改造的方针。狠抓技术革命，就有高速度。”

可见，当时的辽宁省委对用高新技术改造老企业已有了充分认识，而这种意识与邓小平等中央领导不谋而合。1978 年 9 月 18 日，邓小平在视察鞍钢时指出：“引进技术改造企业，第一要学会，第二要提高创新。”[①] 这是邓小平在“文化大革命”后，第一次就如何搞好国企所做的比较全面和具有开创性的讲话。鞍钢在邓小平视察后不久就派出负责技术和管理的干部到日本钢铁株式会社学习考察。此后，辽宁许多大型企业纷纷按照邓小平的指示进行积极的改革，使全省的工业生产呈现出好的势头。

以企业改革为中心的经济体制改革，给辽宁的工业企业带来了空前的活力，也使东北（辽宁）老工业基地走向历史上发展最好的时期。1997 年同 1978 年相比，全省工业增加值增加了 3.8 倍，第三产业增加值增加 8.9 倍。[②] 特别值得一提的是，在体制转轨过程中，辽宁老工业基地在市场短缺、自身尚不能满足需要的情况下，仍然承担着较高的指令性计划和较重的财政上缴任务，为全国的改革开放支付了巨大成本，有力地支援了全国的经济建设。

另外，随着市场化进程的加快和改革日益深入，东北（辽宁）老工业

---

① 《邓小平文选》第 2 卷，人民出版社，1994，第 129 页。

② 王全有：《辽宁老工业基地的形成、发展与振兴》，《党史纵横》2014 年第 11 期。

基地的机制性和结构性等深层矛盾开始显现，诸如国有企业效益总体下滑、下岗失业人员急剧增加、困难群体比例上升、财政负担日趋沉重等难题集中暴露出来。为解决这些问题，辽宁省委、省政府制定了“结构调整、外向牵动、科教兴省”三大战略，提出用高新技术改造传统产业，大力发展高新技术产业，搞好产品精深加工的“两高一深”工业发展方针，突出结构调整的主线，以制度创新和对外开放为两大动力，搞好老工业基地调整和改造。[①] 这为其他地区的开放创新做出了示范、提供了经验，起到了窗口示范作用。

在东北（辽宁）老工业基地转型改制中，劳模文化起着助推器和催化剂的作用，为转型改制提供了丰富的思想借鉴，从当时的劳模刘桂琴、曲伟健、阎喜绵等人身上我们不难看出，这一时期劳模文化的特点表现为“创新”，这主要体现在两个层次上：一是顺应改革创新的历史潮流；二是为创新体制机制提供经验。

四　振兴创新时期——经济转型的“试验田”

这一时期，全国许多地区提出了经济转型的构想，并且许多地区还制订了经济转型规划。整体上看，全国经济转型可分为北方的经济转型和南方的经济转型，并且南北双方的经济转型有着明显区别。北方的经济转型以东北三省为代表，南方的经济转型以粤、浙、闽等省为代表。北方是我国的能源基地，经过改革开放近二十多年来的能源开采利用，许多地区能源开采业进入了萎缩期，资源的逐渐枯竭，导致了一些社会矛盾的出现。东北地区以阜新市、辽源市、伊春市和大庆市为代表的四个国务院资源型经济转型试点城市，转型的主要任务是减少能源产业在国民经济中的比重。另外，北方是我国重型制造业基地，但是制造业整体水平落后。面对国际经济一体化的态势，北方工业需要有新的提升。因此，北方经济转型的核心是发展替代产业、接续产业，其次是产业技术升级和经济制度创新。也就是说北方经济转型是以产业结构调整为主、技术进步为辅的经济转型。

而从“黄金十年”至今，在由以第二产业为主向以第三产业为支柱的

① 王全有：《辽宁老工业基地的形成、发展与振兴》，《党史纵横》2014 年第 11 期。

转型过程中，在前一阶段肩负重任的东北（辽宁）老工业基地，既要作为国家经济的“稳定器”，为产业转型提供保障和支撑，又要树立转型升级的典型，为其他地区提供经验和借鉴。因此，老工业基地的转型升级至少包含两方面：一是国企进一步改革，推动产业结构调整；二是产业转型升级，开拓创新，在技术更新换代上下功夫。

这一时期，辽宁在以增量带动结构优化，以创新促进产业升级上下足了功夫，实施沿海经济带、沈阳经济区和突破辽西北三大区域战略，以沿海港口 42 个重点园区建设为突破口，全面推进辽宁沿海经济带的开发和开放。而且在辽宁中部，有 8 个城市通过五大产业带和十大产业集群的建设，促进区域互补，已经实现了集约化发展，拓展出新的产业发展空间。

毋庸置疑，在这一时期，劳模文化仍然发挥着它独有的魅力，为老工业基地的发展贡献力量。这一时期的劳模文化特点突出表现在工匠精神上，顺应由制造大国向“智造大国”升级的趋势，把工作做精做细，不断增加产品附加值，精益求精，精中再进；另外，在政治上则表现为营造风清气正的政治生态，抓实党风廉政建设，极大地推动了干部队伍建设。

五　劳模文化的现实诉求

文化是经济和政治的反映。一定的文化由一定的经济、政治所决定，又反作用于政治、经济，给政治、经济以重大影响。从东北（辽宁）老工业基地各个时期的发展历程来看，劳模文化在政治、经济和社会建设中都发挥了潜移默化、深远持久的作用。一方面，历史经验告诉我们，无论是在形成发展时期还是在曲折前行时期，无论是改革转型时期还是振兴创新时期，东北（辽宁）老工业基地的振兴都离不开劳模文化，劳模和劳模文化在东北振兴中应该发挥它应有的作用。另一方面，劳模文化有它自身的优秀特点，对东北振兴可以起到相应的促进作用。

我们现在对劳模文化的诉求主要有以下几种：“诚”文化，忠诚为国，勇于担当，做新时代的弄潮儿；“精”文化，精益求精，工匠精神，促进时代经济转型升级；“智”文化，智能创新，开拓进取，推动制造大国转为“智造强国”；“广”文化，广开视野，走向国际，在国际大舞台上寻求振兴契机。这些优秀特点不仅对东北振兴具有巨大意义，而且对全国经济发展都有文化熏陶作用。“我们要始终弘扬劳模精神、劳动精神，为中国经济社会发展汇聚强大正能量。”习主席在庆祝“五一”国际劳动节暨表彰全国劳动模范和先进工作者大会上的重要讲话，充分体现了党中央对工人阶级和亿万劳动群众的高度重视和真情关爱。他强调，全面建成小康社会，进而建成富强、民主、文明、和谐的社会主义现代化国家，根本上靠劳动、靠劳动者创造。无论时代条件如何变化，我们始终都要崇尚劳动、尊重劳动者，始终重视发挥工人阶级和广大劳动群众的主力军作用。

劳模是各系统、各行业的杰出代表，他们的身上体现着社会对某一类劳动方式、劳动精神的最高评价，他们用自己的聪明才智和奉献精神为企业生产经营工作做出了贡献，靠自己创造性的劳动成果和取得的辉煌业绩推动着企业不断向前发展，用自己的崇高思想和先进事迹，为企业职工树立了学习的榜样和光辉的旗帜。劳模精神是企业文化中的闪光点，更是企业发展的无形资产。

无论是在国家建设，还是企业发展中，劳模精神一直释放着文化力量，不断激发人们做事、创业的积极性，不断促进国家和企业取得一项项新成绩。大力弘扬劳模精神，打造劳模文化，其核心是学习劳模事迹，感受劳模价值；其内容是弘扬劳模“吃苦耐劳的敬业精神、精益求精的进取精神、竭诚服务的奉献精神、团结协作的团队精神”；其最终目的就是要培养“锐意进取、艰苦奋斗、勇于创新、求真务实”的优良作风，保持良好的精神状态和工作状态。

劳动创造历史，劳模文化在推动历史进程中具有重要作用。2015 年，习近平在“五一”国际劳动节发表的讲话指出，我们要始终弘扬劳模精神、劳动精神，为中国经济社会发展汇聚强大正能量。劳动是人类的本质活动，劳动光荣、创造伟大是对人类文明进步规律的重要诠释。正是因为劳动创造，我们拥有了历史的辉煌；也正是因为劳动创造，我们拥有了今天的成就。我们一定要在全社会大力弘扬劳模精神、劳动精神，引导广大人民群众树立辛勤劳动、诚实劳动、创造性劳动的理念，让劳动光荣、创造伟大成为铿锵的时代强音，让劳动最光荣、劳动最崇高、劳动最伟大、劳动最美丽蔚然成风。在我们社会主义国家，一切劳动，无论是体力劳动还是脑力劳动，都值得尊重和鼓励；一切创造，无论是个人创造还是集体创造，也都值得尊重和鼓励。习近平强调："我们要始终高度重视提高劳动者素质，培养宏大的高素质劳动者大军。"[①] 提高包括广大劳动者在内的全民族文明素质，是民族发展的长远大计。要深入实施科教兴国战略、人才强国战略、创新驱动发展战略，把提高职工队伍整体素质作为一项战略任务抓紧抓好，实施职工素质建设工程，推动建设宏大的知识型、技术型、创新型劳动者大军。要深入开展中国特色社会主义理想信念教育，打造健康文明、昂扬向上的职工文化，拓展广大职工和劳动者成长成才空间，不断提高思想道德素质和科学文化素质。

劳模是时代先进强音，在实现伟大中国梦的过程中，需要劳模文化为其注入动力。习近平在知识分子、劳动模范、青年代表座谈会上的讲话中提道："人生在勤，勤则不匮。"[②] 劳动模范是劳动群众的杰出代表，是最美的劳动者。劳动模范身上体现的"爱岗敬业、争创一流，艰苦奋斗、勇于创新，淡泊名利、甘于奉献"的劳模精神，是伟大时代精神的生动体现。我们要在全社会大力宣传劳动模范的先进事迹，号召全社会向他们学习、向他们致敬。要为劳动模范更好地施展才华、展现精神品格提供全方位支持，使他们的劳动技能、创新方法、管理经验能广泛传播，充分发挥示范带动作用。劳动模范要珍惜荣誉、谦虚谨慎、再接再厉，不断在新的起点上为党和人民创造更大业绩。素质是立身之基，技能是立业之本。广大劳动群众要勤于学习，学文化、学科学、学技能、学各方面知识，不断提高综合素质，练就过硬本领。要立足岗位学，向师傅学，向同事学，向书本学，向实践学。三百六十行，行行出状元。任何一名劳动者，无论从事的劳动技术含量如何，只要勤于学习、善于实践，在工作上兢兢业业、精益求精，就一定能够造就闪光的人生。人类是劳动创造的，社会是劳动创造的。劳动没有高低贵贱之分，任何一份职业都很光荣。广大劳动群众要立足本职岗位诚实劳动。无论从事什么劳动，都要干一行、爱一行、钻一行。在工厂车间，就要弘扬"工匠精神"，精心打磨每一个零部件，生产优质的

---

① 《习近平关于科技创新论述摘编》，中央文献出版社，2016，第 123 页。

② 习近平：《在知识分子、劳动模范、青年代表座谈会上的讲话》，人民出版社，2016，第 7 页。

产品。在田间地头，就要精心耕作，努力赢得丰收。在商场店铺，就要笑迎天下客，童叟无欺，提供优质的服务。只要踏实劳动、勤勉劳动，在平凡岗位上也能干出不平凡的业绩。梦想属于每一个人，广大劳动群众要敢想敢干、敢于追梦。说到底，实现中华民族伟大复兴的中国梦，要靠各行各业人们的辛勤劳动。现在，党和国家事业空间很大，只要有志气有闯劲，普通劳动者也可以在宽广舞台上展示自己的人生价值，许多劳动模范平凡而感人的事迹，都充分说明了这一点。我们要在全社会大力弘扬劳动精神，提倡通过诚实劳动来实现人生的梦想、改变自己的命运，反对一切不劳而获、投机取巧、贪图享乐的思想。

在“两个一百年”的奋斗中，劳模文化必将焕发出独特的光彩。十九大报告提出，要弘扬劳模精神和工匠精神，营造劳动光荣的社会风尚和精益求精的敬业风气，再次昭示我们党崇尚劳动、尊重劳动的价值理念，这对我们进一步做好有关工作提出了明确要求。高校作为探究知识的殿堂和人才培养的摇篮，也应该在弘扬劳模精神和工匠精神方面肩负起更多的责任。当前，要围绕立德树人这一中心环节，在高校教育中切实开展好劳动教育，培育劳动情怀，弘扬工匠精神，扎实开展思想政治教育工作，引导青年大学生践行社会主义核心价值观，全面提升人才培养质量，为新时代中国特色社会主义事业培养更多的合格劳动者与建设者。崇尚劳动、尊重劳动价值是马克思主义的重要价值观。中国共产党历来就高度重视劳动，倡导劳动精神。作为劳动价值和劳动精神最直观的体现，劳模精神和工匠精神是中华优秀传统文化与社会主义建设不同时期相互交融的结晶，其本质在于以爱国主义为核心的民族精神和以改革创新为核心的时代精神，其内容是社会主义核心价值观的重要体现。这种精神是我们党作为工人阶级先锋队的本质属性所决定的。因此，大力弘扬劳模精神和工匠精神是我们党坚持人民主体地位，发挥工人阶级主力军作用，带领全国人民进行伟大斗争、建设伟大工程、推进伟大事业、实现伟大梦想的必然要求。党的十八大以来，党中央高度重视工人阶级，习近平总书记就大力弘扬劳模精神、劳动精神和工匠精神发表了一系列重要讲话。我们要深入学习贯彻讲话精神，大力弘扬劳模精神和工匠精神，激发广大劳动者干事创业的使命感、责任感和积极性、主动性、创造性，投入到建设新时代中国特色社会主义伟大事业中去，为实现中华民族伟大复兴中国梦贡献力量。

对于社会来说，劳模精神是一笔宝贵的财富，任何时候都不能丢。只有保持更加昂扬的斗志、更加饱满的热情和更加务实的工作作风，营造良好的文化氛围，才能让我们的社会更加稳步向前发展。

第二章　东北（辽宁）老工业基地劳模文化本质的历史生成

劳模文化的发展历程与东北老工业基地的演变同向同行。文化是一个国家、一个民族的灵魂。在东北老工业基地不同的历史发展阶段中，其经济、政治、文化等领域都发生了深层次的变化，特别是在工业生产的前沿涌现出的众多劳动模范与独具地域特色的劳模文化，为东北老工业基地的发展注入了强大的精神动力。欲探求劳模文化的深层次本质与当代价值，首先要梳理其历史渊源，分析劳动模范及劳模文化在不同历史阶段的不同特征表现，从而探寻劳模文化本质的必然逻辑。因而，对东北（辽宁）老工业基地劳模文化的本质进行历史追溯，深入研究东北（辽宁）老工业基地劳动模范的阶段特性，有利于全面认识劳动模范产生的原因及社会影响，把握劳模文化的发生和发展规律，为全面振兴东北（辽宁）老工业基地提供精神生产力和文化软实力的强大支持。

第一节　我国劳模制度概述

劳动模范是社会主义国家特有的产物，它的产生与社会主义制度和社会主义生产方式密不可分。中国的劳动模范最早产生于1933年8月，并在中华人民共和国成立后形成了固定的劳模制度。截至2015年，我国一共召开了15次全国性的劳动模范表彰大会，产生了一大批活跃在各行各业第一线的优秀的劳动者，成为全国劳动人民学习的楷模。劳动模范制度自出现之日起，就表现出突出的政治性、阶级性，广大劳动模范是工人阶级中产生的先进人物，在国家和社会的发展进步中发挥着显著的示范引领作用。习近平总书记指出："在我们党团结带领人民进行革命、建设、改革各个历史时期，劳动模范始终是我国工人阶级中一个闪光的群体，享有崇高声誉，备受人民尊敬。"① 他们身上所蕴含的劳模精神，对于国家和社会的发展而言更是一种强大的精神动力。

早在土地革命时期，劳动模范便作为一种来自人民群众的典型人物出现在中央苏区的国有企业中，成为广大劳动人民的学习对象。1934 年，刘少奇在《用新的态度对待新的劳动》一文中便写道："把那些真正的突击队员——劳动的英雄们，列在红板上去！极大地在群众中奖励他们。因为他们是革命战争中生产战线上的先锋与模范。"此时，党已经认识到，要促进广大劳动者用新的态度对待新的劳动，即"为自己的劳动取代强制的劳动"，就要在平凡的劳动者中选树典型，用榜样的力量激励大家，以达到"教育工人用新的态度来对待新的劳动，提高工人群众的劳动热忱，发挥工人群众的创造性，同旧的习惯作斗争"的教育目的。从土地革命时期到今天，劳动的内涵与形式发生了巨大的变化，经济社会发展对劳动者的要求也不可同日而语，但是，中国的劳动模范制度却一直延续至今，并形成了特有的劳模文化和劳模精神，在不断的发展过程中被赋予了新的理论内涵和新的时代价值。

一　确立劳动模范制度的重要意义

1. 劳动模范制度彰显了社会主义国家对劳动的价值认可

之所以说劳模现象和劳模精神是社会主义国家所独有的，就是因为在社会主义公有制条件下，每一位劳动者的劳动都不仅仅是为了满足自身生存和发展的需要，更是为了增益整个国家和社会的总体财富，这是中国工人阶级先进性的集中表现，社会主义公有制条件下的劳动本身就具有集体主义的性质。劳动创造价值，马克思在深刻分析劳动价值论的基础上，指明了劳动对于社会发展和人类进步的重要意义，同时也阐明了无产阶级劳动者在劳动中发挥的巨大作用。"没有工人的劳动，它们就会腐坏，成为无

① 习近平：《在同全国劳动模范代表座谈时的讲话》，《人民日报》2013 年 4 月 29 日。

用的东西。”[①] “机器和纱一旦中断了同活劳动的关系，机器就会生锈，纱就会成为无用的赘物，而且还会腐坏。”[②]可见，人在劳动中处于主体地位。劳动模范制度确立了劳动者在劳动中的核心位置，凸显了劳动者的意义和价值，也表明了社会主义国家对劳动这一活动的高度价值认可。而这种不断激励劳动者走向进步的独特制度，也只有在公有制基础上、在全体社会成员把建设国家当作自身的事业和责任时，才能发挥其强大的作用。大家有共同的奋斗目标，有共同的价值观，有广泛的社会认同，才能够有效地进行社会动员，并且有效地组织行动。[③]

2. 劳动模范制度发挥着明显的导向和示范作用

邓小平曾指出：“在党的领导和工会的帮助下，全国各民族、各地区、各工业部门的职工群众中都涌现了一批劳动模范和革命骨干，他们至今还是我们学习的榜样和团结的核心。”[④]劳动模范具有明显的政治符号性质，他们是主流意识形态的载体，在潜移默化中发挥着价值导向的政治作用；同时，他们也是从广大劳动者当中涌现出来的典型和先锋，具有很强的教育意义和价值，在很大程度上调动了各行各业劳动者的积极性和主动性。对于广大社会主义劳动者来说，劳模精神正应当是我们在劳动实践中着力培养的品质。向劳动模范学习，增强劳动者对工作的热爱之情，使各行各业的劳动者能够在工作岗位上做出自己的贡献，进而增强全社会尊重劳动、尊重劳动者的正确观念；继承艰苦奋斗的优良传统，敢于攻坚克难，在工作中不断实现创新，主动提高业务能力和业务水平，以终身学习的态度来推动自己职业生涯的可持续发展；使劳动者自觉树立起高度的集体意识和责任意识，在劳动中更加关心集体利益，弘扬社会所提倡的奉献精神。

3. 劳动模范制度发挥着凝聚社会力量的精神功能

实现中华民族伟大复兴的中国梦，需要正确的、积极的精神引领。实现“两个一百年”的奋斗目标，最重要的就是要坚持以经济建设为中心，集中力量发展社会生产力，这既需要充分发挥我国劳动人民吃苦耐劳、敢

---

① 《马克思恩格斯全集》第46卷上册，人民出版社，1979，第325页。

② 《马克思恩格斯全集》第30卷，人民出版社，1995，第334页。

③ 曾祥委：《“劳模”制度的反思》，《特区实践与理论》2009年第6期。

④ 《邓小平文选》第2卷，人民出版社，1994，第134页。

于攻坚克难的优良传统，更需要在创新创造、提高效率等问题上下功夫。劳模精神所蕴含的丰富内涵，正是新时期经济社会发展所需要的重要精神力量。2013 年 4 月 9 日，习近平在同全国劳动模范代表座谈时的讲话中指出："实现我们的发展目标，不仅要在物质上强大起来，而且要在精神上强大起来。全国各族人民都要向劳模学习，以劳模为榜样，发挥只争朝夕的奋斗精神，共同投身实现中华民族伟大复兴的宏伟事业。"①劳模精神的作用体现在它直接对劳动者的精神世界产生塑造作用，使这种精神内化为人的本质力量，进而引导劳动者外化出符合这种意识的行为。当每一位劳动者都能在各自的工作岗位上以劳模为榜样，充分发挥劳模精神，来自各行各业的力量就能有力地凝聚在一起，国家的各方面建设都将焕然一新，推动"两个一百年"奋斗目标的顺利实现。

二　劳动模范的级别设置

我国劳动模范大致可分为五个级别，即全国劳动模范、省部级劳动模范、地（市）级劳动模范、县级劳动模范和基层单位企业内部的劳动模范。全国劳动模范称号由党中央、国务院授予，是在全国范围内，根据各省的具体情况分配名额，经过自下而上的推荐，逐级上报，严格审查评选出来的各行业各部门的杰出人物，他们是全国人民学习的榜样。省部级劳动模范是各省、自治区、直辖市、各部委在本地区、本部门范围内评选出的有突出贡献的先进人物，由省级人民政府授予荣誉称号。地（市）级劳动模范和县级劳动模范是各市、县组织评选并授予称号的。基层单位企业内部劳动模范评选范围最小、最灵活，由各单位各企业自主决定评选表彰的相关事宜，一般会形成固定的表彰时间。②

三　劳动模范的评选要求

1980 年，中华全国总工会发布了《劳动模范工作暂行条例》，对劳模的评选工作进行了详细的规范。《劳动模范工作暂行条例》规定，评选出的劳

① 习近平：《在同全国劳动模范代表座谈时的讲话》，《人民日报》2013 年 4 月 29 日。

② 龚彩红：《我国劳模激励制度研究》，硕士学位论文，西北师范大学，2014，第 17 页。

动模范，必须是在推动生产力发展方面起了显著作用，对社会主义现代化建设事业做出了较大贡献的个人和集体；评选劳动模范的方法必须坚持民主评选的原则，由群众充分讨论，反复酝酿，民主评选产生，要严防包办代替，弄虚作假；劳动模范是先进生产力的优秀代表，各级工会组织要保护他们的社会主义积极性和革命的首创精神，敢于为他们说话撑腰，要积极宣传他们的模范作用，认真总结和推广他们的先进经验，支持他们的革新创举，在人民中营造尊重、爱护和学习劳模的风气，形成争当先进光荣、甘居落后可耻的社会舆论。1989 年 4 月发布的《关于召开全国劳模和先进工作者表彰大会的通知》进一步规范了劳模的评选要求，提出劳模的候选人应该对祖国忠诚、拥护，坚持四项基本原则，维护中国特色社会主义事业，坚持改革开放的政策。这些劳模的评选原则和要求基本延续至今。

四　劳动模范的评选程序

劳动模范的推荐是自下而上推荐，包括组织推荐、人民群众直接推荐和自我推荐等形式。劳动模范的推荐和评选一般要经历以下几个环节：基层单位结合工作实际进行民主推荐；将推荐名单上报政府相关部门进行严格审查，选择比较优秀的候选人上报到评选部门；评委会对推荐人员进行初步的审核和调查，将推荐名单上报至上一级的评选部门；评选部门组织专家对推荐人员进行专门的讨论，集体确定候选人的名单，并通过各种渠道向社会进行公示；在经过上述流程和程序后，如无其他意见，将推荐名单上报上级政府审定。在全国劳模的评选过程中，大致要经历以下几个环节：成立大会筹委会；逐级推荐，差额评选；严把三关（初审关、复审关、公示关），严控程序；利用互联网核查；在中央媒体公示。[①] 劳动模范的评选工作要在保证公平、公正、公开的基础上，最大可能地发挥民主的作用，推荐真正在岗位上有作为、有贡献，能够为广大劳动者所信服的优秀工作者当选劳动模范。

---

① 《大会筹委会办公室有关负责人向媒体介绍全国劳模和先进工作者评选表彰流程》，《当代劳模》2015 年第 5 期。

五　劳动模范的奖励制度

对劳动模范进行奖励，改善和提高劳模的经济待遇和社会地位，是充分发挥劳模的社会功能，在全社会弘扬劳模精神必不可少的条件。《中华人民共和国宪法》第四十二条规定："国家提倡社会主义劳动竞赛，奖励劳动模范和先进工作者。国家提倡公民从事义务劳动。"对劳动模范的奖励既包括精神方面，也包括物质方面。在精神方面，给予劳动模范相应的荣誉，同时在政治上为其创造更大的发展机会。《劳动模范工作暂行条例》规定，劳模是群众评选出来的信得过的人，他们是干部队伍的后备军。各级工会组织有责任积极认真负责地向党和行政部门推荐适合而又能胜任的劳模到适当的领导岗位上，充分发挥他们的作用，为四化做出更大贡献。在物质方面同样也要给予劳模相应的奖励。邓小平曾指出："我们实行精神鼓励为主、物质鼓励为辅的方针。颁发奖牌、奖状是精神鼓励，是一种政治上的荣誉。这是必要的。但物质鼓励也不能缺少。在这方面，我们过去行之有效的各种措施都要恢复。奖金制度也要恢复。对发明创造者要给奖金，对有特殊贡献的也要给奖金。"①以 1989 年全国劳动模范评选为例，在《国务院办公厅关于 1989 年全国劳动模范和先进工作者奖励升级问题的通知》中明确指出：国务院决定，给予 1989 年获得全国劳动模范和先进工作者荣誉称号的职工奖励晋升两级工资。

六　劳动模范的管理制度

劳动模范的管理工作主要有以下几点。第一，加大对劳动模范的宣传力度，要充分利用各种载体对劳模的事迹进行广泛宣传，认真总结并推广他们的先进经验，在劳动者中营造尊重、学习劳模的良好社会风气，形成争当先进光荣的舆论环境。第二，加强对劳模的联系与帮扶，教育劳模始终保持同人民群众的血肉联系，同时要经常了解和掌握劳模的学习、生活和工作情况，召开劳模座谈会，注意听取他们的意见和要求，经常分析他们的思想情况，针对不同的对象制订培训规划，不断提高劳模的工作水平，

① 《邓小平文选》第 2 卷，人民出版社，1994，第 102 页。

增强其示范引领作用。各级工会组织要密切同劳模的联系，关心他们的生活，帮助他们解决实际困难，对劳模的伤、残、病、亡等要妥善处理。第三，对劳模进行分级管理，基层和基层以上单位以基层管理为主，地方和产业以地方管理为主，进行定期检查并建立劳模档案，各级工会都要设专人或指定人员兼管劳动模范工作。

第二节　东北老工业基地劳动模范形象与特征的阶段性演进

在数十年的老工业基地发展进程中，东北（辽宁）老工业基地在各行各业中涌现出大批的劳动模范，他们立足于本职工作，锐意进取，踏实肯干，在平凡的工作岗位上做出了骄人的业绩，成为无数社会主义劳动者学习的榜样。21 世纪以来，从“振兴东北老工业基地”到“全面振兴东北老工业基地”，党和国家在推进全面深化改革的进程中越来越重视东北地区的发展，而孕育于东北老工业基地的劳模文化和劳模精神，不仅是其发展过程中的产物，也必然以独特的方式影响其全面振兴的历史进程。深入研究东北（辽宁）老工业基地劳动模范的阶段特性，有利于全面认识劳动模范产生的原因及社会影响，把握劳模精神的发生和发展规律，为全面振兴东北（辽宁）老工业基地提供精神生产力和文化软实力的强大支持。

一　东北（辽宁）老工业基地形成与发展时期的劳动模范

（一）东北（辽宁）老工业基地形成与发展时期劳动模范的特点

从 1950 年全国工农兵劳动模范代表会议，到 1959 年全国群英会，中国的劳动模范制度初步确立。在这近十年时间里，党和政府先后召开了全国工农兵劳动模范代表会议、全国先进生产者代表会议和全国群英会三次大规模的全国性劳模评选大会，这些劳模广泛分布于工业、农业、教育、科学、文化和卫生等行业，主要源于基层一线，他们在平凡的工作中贡献突出，表现优异，堪称楷模。毛泽东曾指出，这一时期的劳动模范“在消灭敌人的斗争中，在恢复和发展工农业生产的斗争中，克服了很多的艰难困苦，表现了极大的勇敢、智慧和积极性。你们是全中华民族的模范人物，是推动各方面人民事业胜利前进的骨干，是人民政府的可靠支柱和人民政府联系广大群众的桥梁”①。这一时期的劳动模范为中华人民共和国的成立和社会主义事业的发展做出了重要的贡献，也为广大劳动者树立了榜样。东北老工业基地也在党和国家的支持下得以形成和发展。辽宁作为共和国工业的长子，在多种优势因素的共同作用下得到了迅速的发展，为中华人民共和国的经济社会发展注入了强劲的能量和动力。辽宁省的广大劳动者，也在这种生产热潮中受到了鼓舞和感染，涌现出大批劳动模范和先进生产者，他们的事迹在全国范围内广为流传，成为全国人民耳熟能详的先进人物。

在工业基地迅速发展的同时，生活劳动在东北地区的基层一线劳动者以极大的热情和昂扬的斗志投身于中华人民共和国事业的建设当中。此时的劳动者已经认识到，中华人民共和国的劳动已不再是之前的奴役劳动、强迫劳动，现在的劳动是为了共同的利益，是为了自身的发展，因此广大劳动者自觉主动地以“新的劳动态度对待新的劳动”，展现出新时期劳动者积极进取的精神风貌。

广大职工在新纪录运动中提高了个人的觉悟，改变了过去消极的劳动观，工作热情明显增强，劳动生产率显著提高。劳动模范赵国有回忆道：“在工厂的组织发动下，很快就在全厂范围内开展起‘找窍门’改进工具，创造新的生产纪录的高潮，‘窍门满地跑，看你找不找’已成为大家互相帮助、互相鼓励的口号了。到了 11 月份，又发展成为一帮一、‘一对红’签订‘师徒合同’的形式，创新纪录已由个人发展到集体行动，如当时出现了被命名的马恒昌小组、赵国有工部等等。”②在这样的劳动环境下，人人争先进，人人当劳模，一时间东北地区优秀事迹频传，先进人物涌现，成为全国各地竞相学习的榜样。

1. 爱岗敬业，强烈的集体主义观念和崇高的无私奉献精神

这一时期的劳动者都经历了从旧社会到新中国的转变，他们切身感受

① 《中共中央文件选集（一九四九年十月～一九六六年五月）》第 4 册，人民出版社，2013，第 131 页。

② 赵国有：《主人翁精神的历史凯歌——回忆创造新纪录运动》，《党史纵横》1990 年第 5 期。

到了中国共产党领导下的劳动已经发生了质的变化，劳动不再是为了剥削者，而是为了自己，为了整个国家和社会的发展进步。因此，广大劳动者表现出了极大的工作热情，积极投身到东北地区生产的恢复和发展当中。劳动模范孟泰自伪满时期起就在鞍钢工作，伪满十几年期间，孟泰一直没离开过工厂。那时，孟泰整日坐在配管的工作间，什么时候日本人打电话叫他去修理管子，他才慢吞吞地去一趟，如果水管堵住了，就用锤子使劲地打几下，震出点水来马马虎虎一交代就回去了。可是今天，工厂是自己的家，这一切他所熟悉的工作，都引起了他内心里从未有过的、非常挚爱的情感。一到下雪的夜里他就怕冻坏水管，第二天等不到天亮，饭也不吃，他就赶忙跑到工厂去检查。[①] 他带领工友们搜寻挖掘器材，并加以整理、分类、修复，然后储存在“孟泰仓库”中，以备急需；不向国家伸手要钱，先后恢复了鞍钢一、二、四号 3 座高炉的生产，形成了爱厂如家、为国分忧、无私奉献的“孟泰精神”。大连国光工厂化学配置室女工赵桂兰在中华人民共和国成立前挨饿受冻，之后有吃有穿，这种生活的变化激发了她的工作热情，在个人安危与集体利益的选择中，她果断选择了集体的利益，被评为全国劳动模范，并得到毛泽东同志的接见。

2. 刻苦钻研，勇于创新创造的信念和自力更生的艰苦奋斗精神

广大劳动者积极投身生产竞赛，以极大的热情参与到“新纪录运动”当中，在平凡的工作岗位上不断创新，不断改良技术，提高劳动效率，并在整个辽宁省、整个东北地区掀起了创造新纪录的劳动热潮，这一时期的不少劳动模范都是在创新创造方面取得突出贡献的。被誉为“新纪录运动”第一人的马恒昌，启发大家依靠技术革新创优质、夺高产，并带头成功革新了斜度板胎具，提高功率 3.1 倍，同时马恒昌还率先提出了“消灭废品、提高质量”的口号，组织建立了“技术研究会”、“先检查头一个活的制度”和“三人技术互助组制度”等民主管理形式。[②] 赵国有在车皮带车床吊挂塔轮时，第一次创造了两小时二十分的纪录，第二次缩至一小时十六分，最

① 《中国工会运动史料全书·辽宁卷》，辽宁人民出版社，1999，第 358 页。

② 辽宁省档案馆编研展览处：《生产竞赛运动的带头人——马恒昌》，《兰台世界》2015 年第 1 期。

后一次缩至五十分，经常保持着两个半小时做一个。以经常保持的纪录为准，比伪满最高纪录少两小时三十分，中华人民共和国成立后比恢复生产时操作时间少二十一小时又三十分。安东光华织绸二厂纺织女工常永芬将结疙瘩的办法创新为捻头的方法，用一小时四十九分做完了同一工作，大大地缩短了操作时间。①

很多劳动者在中华人民共和国成立以前都没有受教育的机会，文化水平较低，能从事的劳动也十分有限。中华人民共和国成立后，全体公民获得了平等地接受教育的权利，广大劳动者十分珍惜学习和劳动的机会，主动要求自我提高，努力学习新知识，刻苦钻研，在工作岗位上做出了显著的成绩。劳动模范常永芬开办“常永芬技术学校”，在自己不断钻研的同时，将新技术传授给更多的人，实现了共同进步和共同发展。中华人民共和国的第一位女火车司机劳模田桂英，1949 年走进机务段机车模型教学室，学习机车构造理论等课程。田桂英只有小学三年文化，要了解上万个机件的性能与作用、密密麻麻的机件构造图纸和从来没有听过的技术术语，这对她来说相当困难。实习操作要求手握 5 公斤重的铁锹，每 15 分钟投煤 280 多锹。这一切都没有难倒田桂英。她经过苦心钻研，反复练习，按期完成了学习任务。9 个月后，经严格考试，田桂英成为正式司机。在工作岗位上，田桂英也没有停止学习，而是不断地进步，不断地自我发展。②

3. 不畏困难，任劳任怨的老黄牛和“一不怕苦，二不怕死”的硬骨头精神

“宁可少活二十年，拼命也要拿下大油田。”著名的钻井闯将王进喜，作为中国工人阶级的优秀代表，1960 年带着 1205 钻井队参加东北松辽石油大会战。到了大庆，他“恨不得一拳头砸出一口井来”。1205 钻井队准备往第二口井搬家时，王进喜右腿被砸伤，他在井场坚持工作。由于地层压力太大，第二口井打到 700 米时发生了井喷。危急关头，王进喜不顾腿伤，扔掉拐杖，带头跳进泥浆池，用身体搅拌泥浆，最终制服了井喷。被誉为“铁人”的王进喜打出了大庆油田的第一口油井，创造了年进尺 10 万米的

① 《中国工会运动史料全书・辽宁卷》，辽宁人民出版社，1999，第 362 页。

② 《中国工会运动史料全书・辽宁卷》，辽宁人民出版社，1999，第 363 页。

世界钻井纪录，充分展现了大庆石油工人大无畏的英雄气概，成为东北老工业基地的一面旗帜。中华人民共和国第一个以工人名字命名的先进班组——齐齐哈尔二机床（集团）有限责任公司铣床分厂轴齿车间的马恒昌小组，创建于1949年，多次被省和国家授予“特等劳模小组”荣誉称号。哈尔滨锅炉厂老劳模梁彦德冒着零下30摄氏度的严寒，在20米高空仰脸焊接管道，熔化的铁水滴在腿上，血肉和棉裤粘在一起，可他忍着剧烈疼痛坚持完成任务。下来后医生剪开他被汗水、血水浸透的棉裤腿，用镊子取出肉里的铁水疙瘩，他却没有按照医生的要求休息，继续投入紧张的施工。在北满钢厂一座装有20吨钢水的钢包因天车失灵钢水就要报废的紧要关头，全国冶金战线著名劳动模冒着生命危险，在热浪滚滚、距离钢水不到一米的钢包大梁上走了两米多，排除了故障，眉毛、头发和工作服全部烤焦。面对危难，他们不怕牺牲，生动地诠释了劳模是工人阶级的先进代表，永远是时代的引领者。

（二）东北（辽宁）老工业基地形成与发展时期劳动模范的社会影响

1. 广泛动员劳动群众，奋力推动经济社会快速发展

在国民经济恢复和“一五”计划期间，辽宁省以劳动模范为典型代表的广大劳动者集中全力搞建设，极大地促进了辽宁省的经济社会发展。在第一个五年计划期间，国家确定辽宁地区为重点建设地区之一。经过全体职工的努力，全省顺利地超额完成第一个五年计划。以1952年产量为100，到1957年底，生铁产量为362.5；钢产量为349.6；钢材产量为427；原煤产量为189.4；发电量为254.2；水泥产量为216.7。1957年比1952年的工业总产值增加一倍半。[①] 广大劳动模范在其中发挥的作用功不可没，他们立足于本职工作，兢兢业业，一丝不苟，甘于奉献，他们在平凡的工作中不断推动技术创新，改革旧有的生产方式，推动劳动生产率的提高，并带动更多的劳动者投入到轰轰烈烈的生产竞赛和新纪录运动当中，实现了一个又一个技术上的突破，在辽宁省营造了浓厚热烈的生产劳动氛围。可以说，劳动模范为辽宁省的经济发展提供了精神生产力，这种力量直接推动了全

---

① 《中国工会运动史料全书·辽宁卷》，辽宁人民出版社，1999，第481页。

体劳动者工作观念的转变，使他们以高昂的热情投入到工业化建设当中。

东北（辽宁）老工业基地在这一时期涌现出了大量的劳动模范，这些劳动模范并不是特殊人物，他们就是与广大劳动者工作在一起、生活在一起的普通一线职工。他们源于基层，有着最广泛的群众基础，因此，他们也在群众当中产生了巨大的影响力。20 世纪 50 年代是一个以榜样示范教育为主的时代，劳动模范在大力推进经济建设的年代具有非常典型的示范教育意义。广大劳动者自发地向劳动模范学习，从学习他们的行为开始，进而转向深层次的学习，学习他们身上的劳动品质和思想认识，不断实现个人劳动素养的提高。据 1956 年 3 月底的不完全统计，从 1956 年 1 月以来，辽宁全省共提出 180687 件合理化建议，等于上年同期的 3.81 倍，职工群众学习与推广先进经验已经形成了自觉行动，因而先进经验推广得比较迅速和广泛，据不完全统计，全省已推广了 2299 项先进经验。[①]

2. 示范引领，充分展现了工人阶级的力量和先进性

辽宁省劳动模范在平凡的工作中充分彰显了工人阶级的力量和先进性。面对重建工业基地的考验和挑战，劳动模范和广大劳动群众以饱满的热情投身于工业基地的建设当中，甘于奉献，淡泊名利，不求回报。沈阳皇姑屯铁路工厂职工在修复“北平号”机车的过程中，“缺乏氧气、电石，工友高景水等便苦心研究创造电焊条用电焊来代替它”，“其他改良工具献纳器材也相当普遍，为突击任务自动加工、加班、献年假、献婚假等达到 17000 余小时”。[②] 工人阶级也在工作中展现出了劳动人民高超的智慧和创造力，不断推进技术革新，用一个又一个新技术打破原有纪录，在全省范围内掀起了比生产、创纪录的生产热潮。工人阶级在东北老工业基地的发展过程中发挥了主力军的作用，他们用无私的劳动创造了一个又一个生产奇迹，积极引领社会主义崇尚劳动、劳动光荣观念的树立。这不仅推动了东北老工业基地经济社会的发展，更为新中国的工业化建设做出了不可磨灭的贡献。

二 东北（辽宁）老工业基地曲折前行时期的劳动模范

1958 年之后，由于“大跃进”“文化大革命”等历史因素的影响，近

① 《中国工会运动史料全书·辽宁卷》，辽宁人民出版社，1999，第 477 页。

② 《中国工会运动史料全书·辽宁卷》，辽宁人民出版社，1999，第 357 页。

20年的时间里全国性的劳模评选活动基本处于停滞状态，只在1959年召开全国群英会，表彰工业、交通运输、基本建设、财贸等方面的社会主义建设先进集体和先进生产者代表，以及于1977年召开全国工业学大庆会议，表彰部分先进生产者。各地区、单位企业的劳模评选也逐渐停止。辽宁省劳动模范数量在这段时间内增长较慢，数量较少，但仍然有部分劳动者在自己的工作岗位上表现突出，成为全国劳动者学习的楷模。

（一）东北（辽宁）老工业基地曲折前行时期的劳动模范特点

1958年起，辽宁省在全省范围内开展“大跃进”。在“多快好省建设社会主义”的总路线要求下，劳动者以更加饱满的热情投入到了社会主义建设当中。从1959年起，辽宁省开展增产节约运动，以支持大跃进的顺利开展，劳动者被充分地发动了起来，参与到计划制订和计划落实的各个环节，积极推动技术创新，在比、赶、超的大环境下积极推动增产节约，取得了一定的成绩。

先进生产者运动也如火如荼地展开。各单位将涌现出的先进生产者组织起来，以先进生产者为骨干，团结老工人、工程技术人员，认真推广先进经验，充分发挥他们的作用，有效地推进了群众生产，在一定程度上激发了广大劳动者的工作热情，推动了辽宁省经济社会发展。沈阳市劳动模范吴家柱、林海丰、吴大友等同志，主动与同行业的劳动模范、先进生产者建立联系，在业余和公休假日进行走访，互相交流先进经验，研究生产技术问题，开展技术协作活动，在半年时间内推广了160多项先进经验，帮助17个企业解决了40多项生产技术上的重大关键问题。劳动模范和先进生产者在运动中联系更加密切、热情更加高涨、影响更为深远，劳动模范的感召力在运动中更为凸显，真正发挥了其作为先进人物的引领示范作用。

“文化大革命”期间，辽宁省的经济建设受到了巨大的冲击，劳模评选工作也基本处于停滞状态，但广大劳动者依然坚持生产，在“文化大革命”期间始终保持着经济增长与发展。

1. 投身竞赛，由生产型向技术型转变

轰轰烈烈的增产节约运动和先进生产者运动使劳动模范的示范引领作用得到了最充分的发挥，广大劳动模范也在运动的洪流中更加勤奋上进，

勇做先锋，甘于奉献，为国家经济发展贡献力量。工人阶级的好女儿韩秀芬是安东丝绸一厂的普通工人，她为了生产出国家急需的“5001”绸，自请调离工作岗位，每天早来晚走，破解了“检穗配色”的操作方法，完成了既定的工作计划。同时，她热心帮助思想上后进的其他职工，在她的模范行动下，全组一心向上，“5001”绸质量、产量节节上升。1959 年 10 月韩秀芬光荣地进京参加全国工业群英会。在当选劳动模范之后，她又投入到了“美丽绸”“联谊纺”的生产当中，在厂内号召开展提高产品质量的友谊竞赛。在她的影响下，全厂生产热情日益高涨，劳动者不断突破自我、奉献自我，取得了一项又一项生产佳绩。沈阳高中压阀门厂工人杨德林研制成各种研磨机、滚丝机、精密铸造工艺，获革新成果 100 余项。其中 50 毫米口径截止阀的改革，达到 CVA 国际标准。他参与研制的世界第一台“机六用”硅整流等离子弧焊机，曾在北京工业展览馆展出。

2. 爱岗敬业，由个人示范向团结协作转变

在这一时期，劳动模范从发挥个人影响力开始转向共同发展和共同影响，在省总工会的指导下，广大劳动模范积极投身于群众性的技术协作活动，劳动模范和先进生产者自觉地团结起来，并将周围的老工人和工程技术人员动员组织起来，在各自的工作岗位上相互交流、相互配合、相互协作，在广大群众中推广了先进经验，推动了技术革新。劳动模范不再是以个人的形象出现，而是以群体的方式在发挥作用，协作性更强，影响力更大，成为这一时期劳动模范的一个显著特征。如沈阳市劳动模范吴家柱等同志发起的技术协作活动，通过先进生产者把技术队伍组织起来，着力解决技术关键问题，特别是质量、品种问题，并为农业特别是农业的技术改革服务，为国防、为尖端、为市场服务。沈阳经编厂工人崔博华在担任捻纱小组组长期间，与全体工人加强协作，共同创造，带领全组同志创新出了“三快一稳一按三顿分段分节”捻纱操作法，年年月月超额完成生产任务。

3. 立场坚定，由张扬推崇向低调坚韧转变

这一时期的劳动模范身处社会主义曲折发展的动荡时期，他们不仅在生产一线上承担着繁重的工作任务，面对的政治要求也更加严格，不少劳动模范在“文化大革命”期间不仅没有得到应有的尊重，反而成为被批斗

的对象。但是，广大工人阶级劳动模范依然保持着工人阶级应有的本色，立场坚定，不向反动势力低头，他们不仅是生产劳动中的好手，在政治上也有着清醒的认识。环境既造就人、影响人，也在考验人，这一时期的劳动模范之所以能够在今天依然是我们学习的楷模，就是因为他们接受并且通过了时代的考验，展现出了高尚的品德，这也是曲折前进时期劳动模范的突出特质。如“毛主席的好工人”尉凤英在辽宁省革委会副主任职位上工作时，经常下基层考察寻找典型。尉凤英始终保持着实事求是的工作态度，始终从人民的立场出发开展工作，展现出工人阶级劳动者应有的品德和正确的政治立场、人民立场。

（二）东北（辽宁）老工业基地曲折前行时期劳动模范的社会影响

1. 生产节约效果显著

在“大跃进”时期，生产浪费成为制约经济发展的一个重大问题，紧接着的三年严重困难更是对工农业生产的一次重创，“文化大革命”也加剧了对经济建设的破坏程度。在这样艰难的时代背景下，广大劳动模范积极投身于增产节约运动，在运动中不断进行技术革新，力求降低生产成本，勤俭节约，艰苦奋斗，为广大劳动者做好表率。在这 20 年的发展历程中，辽宁省的生产节约效果显著，工农业生产虽然受到了一定程度的影响，但总体上看始终在向前发展，经济建设取得了较为优异的成绩。

2. 劳动热情不断提高

在英模文化盛行的时期，国家更加重视对典型人物的塑造与宣传，部分劳动模范也成为宣传的重点对象，希望用他们的事迹来影响广大劳动者。1966 年 3 月，中共中央国防工业政治部、中华全国总工会曾下发通知，要求在全国范围内向尉凤英同志学习。辽宁省更是以尉凤英为榜样，号召全省劳动者向这位连续 12 年被评为辽宁省、沈阳市劳动模范的全国先进生产者学习。在这样一批劳动模范的影响下，辽宁省工人阶级的劳动热情在时局动荡的历史时期始终没有减退，他们始终坚持生产劳动，并且不断推动技术协作和技术创新，展现出社会主义劳动者良好的精神风貌。

3. 迎接未来信心十足

在“文化大革命”结束之后，人们开始对近 20 年的发展进行反思，一度式微的劳模精神再度成为人们关注的话题，劳动模范的事迹得以宣传，劳模精神的作用得到重视。1978 年 5 月，辽宁省总工会召开劳动模范、先进生产（工作）者座谈会，号召全省职工树雄心立壮志，在实现四个现代化的新长征中当好排头兵，充分发挥带头、骨干和桥梁作用。在劳动模范的影响下，广大劳动者再次认识到了劳动的重要意义，再度将目光从阶级斗争转向经济建设，劳动模范为劳动者鼓足了信心，使全省劳动者以更加自信的姿态迎接新时代的到来。

三　东北（辽宁）老工业基地改革转型时期的劳动模范

东北（辽宁）老工业基地改革转型时期主要是指 1978 年国家实行改革开放之后，到 2003 年实施振兴东北老工业基地战略之间的这一历史阶段。在这一时期，辽宁省通过改革开放的深入推进获得了历史性的发展，改革开放给辽宁省带来了巨大的发展机遇，也为广大劳动者提供了更加广阔的发展空间，劳动者在市场经济条件下能够发挥出更大的工作热情，在获取个人利益的同时也为社会创造了巨大的财富。但在改革的过程中也出现了一系列问题和矛盾，遭遇了自身发展的瓶颈和阻碍。

（一）东北（辽宁）老工业基地改革转型时期的劳动模范特点

1. 来源广泛

改革开放以后，随着人们对劳动认识的深化，尤其是“知识分子成为工人阶级的一部分”这一论断的提出，“劳动者”的概念得到了丰富和发展，劳动模范评选的来源范围也逐渐扩大，涵盖体力劳动、脑力劳动、物质生产、精神生产等各个领域，工人阶级、农民阶级和新社会阶层的成员都成为劳模的来源，劳模的构成包括一线工人、农民、管理人员、专家学者、公务人员、科教文体卫等领域的杰出代表。如商业领域的劳动模范郑忠文，在沈阳市北市百货大楼担任营业员期间，总结出了“主动问话、耐心解释、帮助挑选、唱收唱付、连带介绍”的服务规程，推动了商店服务质量的提高，1979 年在全国劳模表彰大会上被授予劳动模范称号；教育领域的劳动模范魏书生，在任教期间推动语文教学改革，首创“六步教学法”，从 1985 年起他送走的初中毕业生升学率达 95% 以上，1985 年高达

99%，1988年被国务院授予全国劳动模范称号；文化艺术领域的劳动模范胡景芳，坚持儿童文学创作，共出版儿童小说、诗歌、童话、报告文学等21部，发表、上演大、小型儿童戏剧20出，1989年被授予全国先进工作者称号。辽宁省也在评选省级劳模的工作中拓宽了评选范围，如1984年授予获得第23届奥运会金牌的姚景远、李玉伟辽宁省劳动模范称号，1988年辽宁省人民政府授予李德臣等十名同志为“绿化模范”（按省劳模待遇）。

2. 素质过硬

这一时期，国家对劳动模范的评选要求更加规范、严格，对劳动模范候选人的考核也是全方位的，评选标准更具有时代特征，如在政治上坚持四项基本原则，在经济上是先进生产力的代表，在工作事业上有重大贡献，在职业活动中具有高尚的道德品质等。[①] 这一时期的劳动模范素质更加全面，既懂技术，也懂科学，既能从事生产，也能从事管理，劳模精神的内涵从“老黄牛”式的淡泊名利、无私奉献，开始向“知识型、创新型、管理型”转变，这在一定程度上也反映了改革开放之后辽宁经济社会发展对科学管理人才的急迫需求。正是在改革推进的社会转型期，辽宁省涌现出了一大批素质过硬的劳动模范，如高级工程师陈火金、锦州金城造纸总厂厂长何捷智等，他们将科学和管理转化为先进的生产力，成为辽宁省改革开放进程中的领军人物。鞍山钢铁公司赵成顺1968年毕业于鞍山钢工学院自动控制系，从1960年起对半连轧电器设备和控制系统进行了130多项重大革新改造，解决了自控系统和大功率可控硅应用方面的高难技术问题，为国家增产钢材7.93万吨，创造价值3690万元，增纯利790万元。

3. 关注创新、科学和管理

注重创新是辽宁省劳模的一贯品质，在改革开放之后，创新精神日益凸显，广大劳动者不仅立足于工作岗位不断进行工艺和技术创新，越来越多的知识分子也将科学运用于生产之中，在原理上进行大胆创新，将创新的工厂从车间搬进了实验室，实现了科学引领下的创新性发展。如国营大连造船厂爆炸加工研究所所长陈火金，多年来研制成功有（无）模成型等

① 王永玺、张晓明：《简述中国劳模的历史发展》，《北京市工会干部学院学报》2010年第3期。

十几种爆炸加工新工艺、新技术，生产出上千种新产品，为我国的造船、冶金、石油、化工等工业解决一批重大技术关键问题，节约大量稀有贵重金属，仅不锈钢复合板一项，每年就可节约100万元，从1984年以来创造可计算的社会效益达2000多万元。同时，随着国有企业改革的推进，企业的发展越来越注重管理，人们开始意识到管理也是一项重要的生产要素，因此这一时期的劳动模范也有着更强的管理能力，许多劳动模范都参与到了企业的管理当中，如劳动模范何捷智于1985年起担任金城造纸总厂厂长，在担任厂长期间大力推进科技研发，改进造纸工业，实现大幅增产；阜新市高德副食商店副经理金作鹏创造出库柜分管、日结月清的管理办法，被推广后收到很好的效果，并被列入辽宁省财经学院的《教学大纲》中。

（二）东北（辽宁）老工业基地改革转型时期劳动模范的社会影响

1. 突出了科学文化的重要意义，引导广大劳动者自觉加强科学文化知识的学习

劳动模范从“老黄牛”式的淡泊名利、无私奉献向“知识型、创新型、管理型”的转变，使越来越多的劳动者认识到，在改革开放的新时期，劳动不仅需要体力，更需要科学文化知识来更好地指导劳动生产实践。这些具有学习精神、科学精神、创新精神的劳动模范，很快在社会中引领了全民学习、共同提高、努力创新的良好精神文化氛围。辽宁省也抓住这一契机，在全省劳动者范围内选树典型，着力推进劳动者素质的提高，鼓励劳动者向先进劳模学习，丰富自身的科学文化知识。如省总工会党组1980年在《关于在全省职工中开展向全国劳动模范陈火金同志学习的报告》中指出，要鼓励广大劳动者努力学习科学文化知识，刻苦钻研技术、业务，熟练地掌握本职工作，为社会主义现代化建设做出自己最大的贡献。[①] 各单位工会也积极营造学习环境，通过组织读书会、交流会等方式，组织广大职工参与到知识学习中来，将提高劳动者素质作为工会工作的一项重要内容。

2. 劳动者的个体意识觉醒，开始关注个人利益和集体利益的关系

改革开放的深入推进，使广大劳动者将目光从外在投向内在，从集体

---

① 《中国工会运动史料全书·辽宁卷》，辽宁人民出版社，1999，第811页。

转向个人，传统的集体主义价值观被打破，劳动者的个体意识开始觉醒。从劳动模范的评选表彰上来看，“劳动模范”不仅是一项荣誉称号，它也意味着一种物质层面的奖励。越来越多的劳动者开始关注到了这一点，并开始思考个人利益和集体利益的关系。随着国有企业改革的发展，劳动者开始认识到，自己的劳动在创造社会价值的同时，也能够为自己带来相应的利益，因此劳动者以更大的热情投身于生产劳动当中。但这一时期的劳动热情和以往不同，劳动者的激情更多的是出于自身利益的考量，而不是从集体的利益出发，所以在劳动生产率逐步提高的同时，也存在割裂个人利益与集体利益之间关系的问题，这也在一定程度上导致人们在谋求个人利益的过程中有意地损害他人或集体的利益，如产生技术保守心理，出现诚信缺失的现象，这些问题都阻碍了市场经济的正常发展，也使生产效益的提高遭遇到越来越多的阻碍。

3. 劳动模范制度日趋完善规范

自 1989 年以来，全国劳模大会开始固定化，每 5 年召开一次。辽宁省在劳模评选的过程中，也依据这一时期全国劳模的评选方式，扩大劳模来源，完善评选条件，更加注重评选程序的正当性，更加注重公平、公正、公开，也将物质奖励明确地写入评选规范当中，形成了日益完善的制度。如从 1986 年起，辽宁省总工会开始评选“辽宁五一劳动奖章”，在评选规定中明确指出，获得“辽宁五一劳动奖章”的先进人物的荣誉称号，可根据本人事迹特点确定，如“省革新能手”“省技术（业务）能手”“省优秀思想政治工作者”“省优秀教师”等；申报单位在评定先进人物时，要坚持群众路线，必须经其所在单位民主评议，做到事实准确，情节真实可靠，评议恰如其分；对先进人物的奖励，要坚持精神鼓励和物质鼓励相结合、以精神鼓励为主的原则，在颁发奖章和荣誉证书的同时，适当给予物质奖励。[①]

四　东北（辽宁）老工业基地振兴创新时期的劳动模范

国家从 2003 年开始实施振兴东北老工业基地战略，综合利用各种方式推进老工业基地改革创新，加大力度解决旧有经济体制下的种种积弊，通

① 《中国工会运动史料全书·辽宁卷》，辽宁人民出版社，1999，第 811 页。

过改革着力推进东北地区的发展。在东北地区振兴创新的发展进程中，辽宁省委、省政府深刻认识到，振兴辽宁是从辽宁省实际情况出发提出的一项重大战略任务，这不仅关系到区域经济的发展，也关乎整个国家经济运行的总体态势。振兴辽宁刻不容缓，而全面推进改革和创新则是振兴的关键所在，这也成为新时期辽宁发展的主基调。2003 年以后，辽宁省共于 2005 年、2010 年和 2015 年评选出三批全国劳动模范和先进工作者，在他们的身上，这种改革和创新的精神与以往时期相比更为突出，这既是新的发展时代的诉求，也是这一时期辽宁振兴发展的宏伟画卷在广大劳动者身上的缩影。

（一）东北（辽宁）老工业基地振兴创新时期的劳动模范特点

振兴东北老工业基地需要更多的改革人才和创新人才，因此，改革和创新成为这一时期辽宁省选树劳模的一项重要指标，这也为 21 世纪的劳模精神赋予了全新的内涵。在振兴创新时期，劳动模范的作用得到了更大的重视，辽宁省着力培养宣传知识型、创新型、专家型、管理型、复合型劳动模范，通过发挥劳动模范的作用引领工人阶级队伍建设，为辽宁振兴提供强大的动力支持和人才保障，为辽宁省经济社会发展做出更大贡献。

1. 学历层次较高，突出知识价值

新时期的振兴发展不能仅仅依靠人的体力劳动，知识在创造价值的过程中的地位越来越显著，在倡导全民学习、终身学习的时代背景下，劳动模范的选树也越来越看重文化程度，以发挥其在全体劳动者当中弘扬良好学风的重要作用。从 2005 年全国劳动模范评选开始，辽宁省劳动模范的学历层次在不断提高，专科及以上学历的劳动模范成为劳模群体的主体，绝大多数劳模具有大学本科学历，研究生以上学历者也在不断增多，如柴天佑院士（博士）被评为 2005 年全国劳动模范，林木西教授（博士）被评为 2010 年全国先进工作者。振兴创新需要高素质、高技能的人才来引领，这些具有较高学历层次的劳动模范在各行各业中各尽其能，发挥所长，运用自身的专业技术突破实践难题，大力推进创新，为广大劳动者树立起了自觉学习、不断提高的优秀榜样。

2. 研究成果丰硕，彰显创新力量

振兴东北老工业基地战略为辽宁省提供了更优质的创新机遇，广大劳

动者也迎来了创新高峰。在深化改革的时代潮流中，各行各业的劳动者不断开拓进取，运用自身的专业知识与技能大胆创新，取得诸多新的突破。沈阳鼓风机集团有限公司齿轮压缩机车间副主任徐强，充分运用自身所学的机械加工知识和平日积累的操作经验，为企业解决了齿轮加工方面的一个个难题，被大家称赞为“齿轮王”，创造了国内大型齿轮加工 4 级精度的全国之最，被国内外同行们称为“徐强精度”，每年为企业创造价值 4000 多万元。中航工业沈阳黎明航空发动机（集团）有限责任公司科研工装厂工人王欣先后攻克了 230 多项重点科研攻关项目，完成 150 多项技术革新，解决 200 多个技术难题，并在全行业内广泛推广，年均完成工时 6000 多小时，年节约产值 80 余万元。在广大劳动模范积极推动创新发展的同时，“劳模工作室”制度的建立也使更多劳动者能够紧紧围绕在劳模的周围，与创新劳模一起开展技术攻关和科研项目，更好地发挥集体的作用，形成创新团队，致力于解决生产实践中的各类难题，这些“劳模工作室”的建立也使创新精神在最大范围内得以传播，让每一位劳动者都切实感受到创新的重要意义和时代价值，自觉在工作中勤于思考，勇于突破，力求创新。

3. 敢于攻坚克难，富有改革实效

改革是辽宁振兴的关键，推进改革是这一时期辽宁劳模群体的一个突出特质。辽宁振兴需要从方方面面入手推进改革，需要破除旧有的制度积弊，重新建构符合新时代发展要求的发展环境。振兴创新时期就是辽宁“破”“立”并存的时期，这需要巨大的勇气和强烈的责任意识，劳动模范在改革发展的进程中发挥了巨大的示范引领作用。鞍钢集团设计研究院院长李龙珍在全院范围内推进管理制度改革，优化工作管理设计，领导设计院工程技术人员进行设计，优质服务、开拓创新、奋力拼搏，独具匠心的设计保证了鞍钢改造期间不停产、少减产、早达产，将工程投资和设计周期压缩到超“常规”的限度，创造了冶金史上的“奇迹”。在文化教育领域，辽宁大学教授林木西推动辽宁大学“名教授执教核心课工程”，并第一个走上讲台，从 1999 年至今，他坚持给本科生上课，始终坚守在高等教育教学和科研第一线，“名教授执教核心课工程”的实施使大批优秀的教授专家走入本科生课堂，加强了本科生与教授专家之间的联系，有效提高了本科生的教学质量，切实发挥了高校的人才培养功能。

4. 立足岗位奉献，倡导爱岗敬业

爱岗敬业、甘于奉献是所有劳动模范共同具有的高尚品质，在辽宁振兴时期，大力弘扬爱岗奉献精神成为劳动模范的一项重要任务。辽宁的振兴不仅是老工业的振兴，还是各行各业的共同崛起与全面振兴，因此劳动模范也不仅局限于工业企业当中，国家在各种平凡的工作岗位中选树典型，发挥身边人的力量，用平凡人的事迹来鼓舞全社会劳动者投身于辽宁振兴的历史进程之中。因此在这一时期，除了高学历、善创新、勇革新的劳动模范之外，还有一大批立足于平凡岗位，默默奉献、服务他人的劳动模范，同样成为劳动者学习的榜样。如本溪市平山区站前保洁队队长方丽，一年365天几乎每天都坚持在路上巡视，每天清晨2：30起床，和工人一起早扫，每年大年“三十”从12：30到第二天早上6：00，都和工人一起在路上清扫鞭炮纸。本溪市邮政局投递员吴俊刚始终工作在艰苦的投递岗位，总计投出报刊约956万份，投出各类邮件约65.7万件，从未发生差错，每年义务献工50多个。在严格要求自己的同时，他也用自己的劳动精神感召着身边的青年职工，组织的“学雷锋小组”等活动带动了一批学赶先进的青年职工，所在班组获得了市、省、全国青年文明号。他们的工作虽然平凡，但是他们在默默无闻的事业中最大限度地实现了自己的人生价值，充满了引领性与感召力，成为劳动者群体中家喻户晓的劳动榜样。

（二）东北（辽宁）老工业基地振兴创新时期劳动模范的社会影响

1. 关注知识：普遍开展职工培训

若想实现东北老工业基地的全面振兴，实现东北经济的快速发展，高素质的劳动者是重要的人力资源。伴随着科学技术的发展，知识要素已经成为劳动要素中最重要的要素，其在经济发展中的重要作用越来越突出。[①] 在广大高学历、高技能劳动模范的影响下，辽宁省从2002年开始在全省范围内着力提高劳动者的综合素质，积极实施国家制定的“加强职业培训提高就业能力计划”“国家高技能人才培训工程”“三年五十万新技师培训计划”，在全社会广泛开展技能振兴行动，加快培养一大批技术技能劳动者，

① 张志元、周雪雪：《劳模文化助推东北老工业基地全面振兴》，《党政干部学刊》2017年第9期。

特别是高级技能人才，提高全体劳动者的就业能力、工作能力和职业转化能力。在技能振兴行动的推动下，全省劳动者开展了大规模技能学习，不仅提高了在本岗位上的劳动技能，也增强了对其他工作主要业务的认识和理解，这在推进改革的关键时期具有重大意义。许多劳动者能够在改革中迅速实现职业的转变，并展现出较强的工作能力，在新的岗位上取得了新的突破和更大的成绩。同时，辽宁省着重开展新技术、新材料、新工艺和新设备的培训，邀请劳动模范担任技术顾问，开展技能培训，培养了一批企业急需的技术技能型、复合技能型人才，以及高新技术发展需要的知识技能型人才。

2. 重视人才：提供良好的人才发展环境

振兴创新时期的劳动模范让辽宁省认识到实现辽宁振兴必须加强对人才的引进和支持，要充分发挥高水平人才的高精尖作用，着力攻克振兴难题，破解发展问题，全面提高辽宁振兴的效率和效益。为了能够丰富并完善人才政策，辽宁省于2009年起开始实施“十百千高端人才引进工程”，颁布《辽宁省“十百千高端人才引进工程”实施办法》，重点是围绕辽宁优先发展的重点产业，从海内外引进数十名能够引领重点支柱产业发展的顶尖科技人才；引进数百名在国际科学技术前沿取得重大突破、能够带领国际水准研发团队的科技领军人才；引进数千名拥有自主知识产权、具有较强自主创新能力的学术、技术带头人和熟悉国际惯例、具有较强国际运作能力的高级经营管理人才，按照科学管理、突出重点、项目带动、单位为主、注重效益和双向选择的原则，采取灵活多样的方式，引进海内外高层次创业创新人才。《辽宁省关于进一步做好高技能人才引进、培养和激励工作的若干政策规定》指出，要建立优秀高技能人才评选和奖励制度，对做出突出贡献的高技能人才予以重奖。这些人才政策的颁布对辽宁省引进人才、留住人才、发挥人才优势起到了重要的作用，而广大劳动模范作为生产生活在辽宁省一线岗位上的杰出人才，也在全新的人才成长环境中获得了更大的机会和更大的价值。

3. 推动创新：用创新引领发展

新时期的劳动模范工作在科技发展日新月异的时代，他们是科技创新的探索者，他们的身上体现着以改革创新为核心的时代精神，在促进技术创新等方面发挥着重要的模范带头作用。广大劳动模范也在工作中自觉履行责任义务，发挥自身的示范性功能，在全省范围内形成了大量以劳模姓名命名的创新工作室，将广大劳动者聚集在先进人物周围，形成创新小组，共同解决生产工作中遇到的难题，实现了一个个技术突破。各单位也积极鼓励劳模创新工作室的发展，为创新小组提供专门的创新场所和实验设备，提供活动经费支持，使创新工作室成为各单位引领创新发展的强大阵地。以全国先进工作者张化光教授的名字命名的劳模创新工作室坐落在东北大学信息学馆。他们由劳模领航，专啃“高大上”的科研硬骨头，探寻产学研用结合。工作室以张化光教授所在的电气自动化研究所为依托，在张化光的带领下，凝练出了以“两更三出”，即“培养层次更高、数量更多的科技人才，多出成果、出大成果、出好成果”的奋斗目标，专注于智能控制这一高精尖的前沿领域，全体成员共实施了30余个创新项目，在高精度泄漏检测定位技术和面向节能的复杂配电网监测等领域取得了巨大的经济和社会效益。鞍山钢铁坚持开展职工创新工作室创建活动，2012年鞍山钢铁为全国劳模李晏家创新工作室和工人发明家李新林创新工作室挂牌，标志着职工创新工作室创建活动全面启动。截至2018年，鞍山钢铁职工创新工作室已发展到59个，其中，李晏家创新工作室被中华全国总工会命名为“全国示范性劳模创新工作室”，4个工作室被辽宁省总工会命名为“辽宁省劳模创新工作室”。仅2016年，鞍山钢铁各级职工创新工作室共组织技术攻关项目1277项，创效超1亿元。鞍山钢铁职工创新成果在近4年的国际国内发明展览会上，共获44项金奖、55项银奖和62项铜奖。①

第三节　东北（辽宁）老工业基地劳动模范形象与特征的演进逻辑

在东北（辽宁）老工业基地的发展进程中，劳动模范始终在推动社会发展、引领社会风尚和涵养社会精神等方面发挥着重要作用，由此而

---

① 《辽宁鞍山钢铁：坚持创新创造培养工匠人才》，中工网，http://acftu.workercn.cn/30/201710/23/171023102320203.shtml，最后访问日期：2018年12月10日。

形成的辽宁劳模文化也成为辽宁地区的重要精神文化资源，成为当前推动辽宁振兴的重要动力。劳模文化不是静止的概念，而是随着时代的变化、实践的深化不断丰富发展的，是与时俱进的。梳理劳动模范形象和特征的演变逻辑，将更好地把握劳动模范的时代意义，更好地推动劳模文化与时代发展相结合，更好地在广大劳动者群体中弘扬劳模精神，彰显劳动价值。

一　劳动模范形象的演变

1. 精神特质逐渐凸显

随着时代的发展，劳动模范的评价标准也在逐渐进行调整，劳动模范的精神特质在评选的优化中逐渐凸显，时代性愈发显著。在中华人民共和国成立初期，辽宁省劳动模范的主要特质是艰苦奋斗和无私奉献，鼓励广大劳动者在生产一线充分贡献自己的力量，共同建设辽宁工业基地；在社会主义建设时期，劳动模范的选树更加关注技术和效益，提倡广大劳动者不仅要坚守岗位努力工作，也要在实践中不断改进技术，提高劳动生产率，在有限的时间内创造更大的价值，加快速度进行社会主义建设；改革开放以后，特别是振兴东北老工业基地战略实施之后，辽宁省在劳动模范的评选中更加注重创新精神、改革魄力和职业道德，更加注重从普通的劳动者中选树典范，在宣传中突出宣传劳动模范的先进事迹和时代价值。从评选标准来看，现在的标准更加强调劳动者的敬业精神、创新精神、职业道德和专业技能。评价标准更加科学合理，不仅充分结合了当前的时代特征，也最大限度地彰显了劳动模范既平凡又伟大的典型意义，有利于推动劳动模范向普通劳动者回归，也有利于激励公众学习劳动模范的热情，劳动模范也才能真正起到激励和榜样的作用。①

2. 群体范围不断扩大

从中华人民共和国成立初期一直到现在，劳动模范的评选范围越来越广，越来越多的劳动者有机会通过努力工作成为劳动模范。在中华人民共

---

① 潘军、赵国洪：《从马克思劳动价值论看新时期劳动模范的价值和内涵》，《社会主义研究》2007 年第 3 期。

和国成立初期，劳动模范的评选主要集中在辽宁的工业企业当中，如鞍山钢铁公司等重工业企业，在中华人民共和国成立初期和“一五”计划期间涌现出了大量的劳动模范，他们都是东北（辽宁）老工业基地建成发展时期的领军人物。在社会主义建设曲折发展时期，劳动模范的评选范围逐步扩大，许多投身于增产节约运动和先进生产者运动的杰出劳动者都被评为劳动模范，奖励他们在技术革新等方面做出的突出贡献。改革开放之后，评选劳动模范更具有广泛性和先进性，劳动模范群体中包含产业工人、农民、领导管理人员、科技人员、知识分子、民营企业家、农民工、文艺体育界人士等，他们成为辽宁振兴发展的重要力量，在各行各业中都引领了进步的方向，这体现了社会对劳动价值认识的进一步深化，劳动平等、尊重劳动的思想在全社会得以弘扬，这也成为振兴辽宁的一种精神力量。新时代的辽宁劳模来自劳动一线，他们是再普通不过的劳动者，同时他们又是不断创造价值的时代楷模，他们具有强烈的社会责任感、开拓进取意识和创新求实精神。当前价值观呈现多元化的发展趋势，劳动模范也应覆盖各种形式的劳动和各个领域。谁为社会创造财富，谁就是劳动者，他们都应该包括在劳模评选的范围之内。

3. 整体结构日趋合理

第一，学历结构呈现高知化。中华人民共和国成立之初，辽宁工业基地的创立与建设以促进生产力的迅速恢复和发展为主，因此，这一阶段评选出来的劳动模范多为艰苦奋斗、埋头苦干的体力劳动者。在改革开放之前，工业和农林牧副业所占比例都远远高于科教文卫，劳动者学历结构整体偏低，知识分子的作用没有得到充分的发挥和体现。改革开放以来，辽宁省知识分子劳模数量日益增多，从高级科研人员到基层人民教师，从专业科学家到各类专业技术人才都纷纷加入劳模队伍。在辽宁振兴的关键发展阶段，知识和技术的力量得到了广泛的重视和关注，知识型、科技型、创新型人才成为劳动模范评选的主要群体，在每届劳模评选中的比例都有提高。劳模群体的高知化体现了辽宁省对于人才资源的大力开发和整合，更加关注知识创新引领振兴发展，这也体现出科学技术人才在辽宁省的地位和作用得到了肯定，是辽宁推进改革的一项重大成果。

第二，年龄结构呈现青年化。劳模年龄是评价劳模群体与时代特征的一个重要方面。通过分析不同年代劳模群体的年龄分布，有助于我们对劳模所处的时代背景和劳动模范的整体特性进行把握和理解。改革开放以来，辽宁省更加关注创新和改革，为了保证改革能够顺利推进，能够推动创新要素充分发挥引领社会发展的重要作用，辽宁省始终关注青年劳动者的成长和发展，注重引进新鲜血液加入到振兴发展的进程中，在中青年群体中选树劳动模范，彰显时代的发展要求。在历届全国、全省劳动模范中，辽宁省的中青年劳动模范始终是主要人群，在改革开放和发展振兴的进程中，这一表现更为明显，以辽宁省2015年“五一劳动奖章”评选为例，在选出的先进个人典型中，年龄最大的59岁，最小的仅28岁，呈现明显的青年化发展趋势。同时，从就业情况可以看出，在岗获得劳动模范荣誉称号的劳动者占绝大多数，这说明他们较早地就在各个行业的工作中取得了优异的成绩，为社会创造了经济价值，成为辽宁振兴发展的主要力量。

第三，职业结构呈现多元化。改革开放以来，全国劳动模范的行业类别由1979年的7种增加至1989年的16种，全国劳动模范与先进工作者的职业范围从最初的产业工人、农民、技术人员，扩展到知识分子、企业家，甚至还有农民工和文体明星。改革开放以来，我国的制度建设还不够完善，仍处于探索中，一些党员干部经不起利益诱惑，贪污腐败现象此起彼伏，因此辽宁省也树立了一部分奉公守法、廉洁自律的人民好公仆作为领导干部学习的楷模。职业结构的多元化说明辽宁省在评选劳动模范的过程中更加注重普遍性、象征性和典型性，评选出的劳动模范更具有学习的意义和价值。

二　劳动模范特征的演变

1. 中华人民共和国成立初期：艰苦奋斗主导型

1949年辽沈战役结束后，摆在辽宁省人民面前的迫切任务是建立人民民主政权、迅速恢复生产和支援全国解放战争。正当辽宁人民恢复生产之际，1950年6月，朝鲜战争爆发，辽宁人民为支援抗美援朝、保家卫国的伟大斗争做出了巨大贡献。在“一五”计划期间，辽宁省也抓住发展机遇，实现了迅速发展，建立并发展起东北（辽宁）老工业基地。“一五”计划期间，辽宁省顺利完成了以鞍钢为中心的工业基地的建设任务，工业基础大大增强，形成了以鞍山、本溪的钢铁工业，抚顺、阜新的煤炭工业，沈阳、旅大的机械工业和抚顺、锦西、旅大的石油、化学工业几个基点为中心的工业网。[①] 这一时期的劳动模范精神主要表现为艰苦奋斗。在极度困难的条件下，这些劳动模范挺身而出，甘于奉献，在工业基地的建设和发展中发挥了巨大的引领作用。如沈阳第一机器厂铸造车间大型工段工长焦百顺，在接到为中华人民共和国铸造第一枚金属国徽的任务时，已经加班生产连续几天没休息的他，信心十足地回答："保证完成任务！"当时，机器一厂在铸造技术上虽说有名，但生产条件却是很艰难的，不仅设备简陋、工具落后，技术上也存在很多难题，从模具制作到浇铸成型主要凭经验手工操作。要完成国徽这样高精度的铸件，工艺难度相当大。在铸造国徽的日子里，焦百顺和工人们不分白天黑夜连轴转，困了就在厂房里和衣而睡，饿了拿着窝窝头就着咸菜吃。铸造车间常常彻夜灯火通明。没有炉子，工人们砌了个砖炉；没有化铝罐，自制铁罐代替；没有脱氧剂，用木棒搅拌脱氧；没有测试铝水温度的仪器，就在炉前肉眼观察铝水颜色的变化。为了完成国徽的抛光加工，当时工人们还自制了许多小工具，用自制的钢丝刷将国徽毛坯表面那些凹凸不平的地方打磨干净，然后用专用工具将有瑕疵的地方修补完整，再用自制的小刀将国徽图案中的细节部分一一雕刻出来，最后用专用刮刀刮平图案表面，进行整体抛光，这样打磨出的国徽如镜面般光亮。在当时的辽宁，有无数焦百顺这样的劳动者，他们在中华人民共和国的曙光下充满热情地投身劳动，为大规模的经济建设奠定了坚实的基础。

2. 社会主义建设时期和改革开放初期：爱岗敬业主导型

1958～1965年，是我国探索社会主义建设规律的历史时期。中华人民共和国在社会主义建设的实践中依靠自己的力量，解决了三年严重困难、苏联突然撤走技术专家等问题，创造了多项世界奇迹。在"文化大革命"期间，辽宁省广大劳动者在沉重的压力下依然坚持生产劳动，努力推进生产发展，在曲折前进时期依然取得了经济上和社会上的进步，展现出了工人阶级先进的精神风貌。改革开放之初，社会环境的改善，劳动者地位的提高，人才政策的优化，使广大劳动者的劳动热情被再度唤醒，积极投身

① 《中国工会运动史料全书·辽宁卷》，辽宁人民出版社，1999，第488页。

于改革开放和社会主义现代化建设的热潮当中，辽宁也在改革开放之初获得了新的突破和新的发展。在这一阶段，辽宁省劳动模范的突出品质是爱岗敬业，他们坚守在平凡的工作岗位上，尽管经历了许多发展上的困难，但他们依然在努力创造、加速推进，使辽宁省经济社会虽历经曲折但始终未曾停下发展。基于对工作岗位的热爱，辽宁省形成了“比、学、赶、帮、超”的生动局面，涌现出了许多行之有效的技术革新成果。与此同时，劳动竞赛也造就了辽宁劳模队伍，培养了一支崇尚技术的职工队伍，为群众性技术协作在辽宁的率先推广提供了组织保障。砥砺奋进的辽宁劳动模范，始终与祖国同呼吸、共命运、心连心，“毛主席的好工人”尉凤英、“工业建设十面红旗”之一王凤恩、陈富文大转子小组、“巧理千家务的暖心人”李素文、十二次英雄列车长张敏媛等劳模的事迹传遍全国，成为全国劳动者在爱岗敬业、无私奉献方面学习的榜样。

3. 辽宁振兴时期：创新创业主导型

2003 年以来，辽宁省劳动模范在继承爱岗敬业、艰苦奋斗、甘于奉献等“老黄牛”式的劳模精神的同时，又进一步发展了劳模精神的内涵。辽宁振兴发展时期的劳动模范更体现了善于学习、勇于创新创业的新精神。这些劳动模范所彰显出的劳模精神，代表了辽宁省振兴发展时期工人阶级的创造精神和创新精神，鼓舞着辽宁劳动者以满腔热情投身于辽宁建设的伟大实践之中。2002 ~ 2004 年，沈阳鼓风机（集团）公司承接了为大型氮肥装置国产化技改项目研制“心脏”设备——中国第一套 4 万空分压缩机组的任务，担任主导设计的 5 位工程师王英杰、王广兰、张玉珠、葛丽玲和严鸿全部是女性，她们日夜奋战，实现了上百项技术创新，仅用 3 个月就完成了设计任务，产品一次试车成功。这一项目的研制成功，结束了我国大空分装置压缩机组长期依赖进口的历史，为国家创造了巨大经济效益。人们亲切地称这五位工程师为“五朵金花”。2005 年，她们集体荣获“全国五一巾帼奖”“全国五一劳动奖状”。

三 劳动模范形象与特征的演进逻辑

1. 与经济发展同向同行

劳动模范的个人成长离不开他所生活的时代，尤其是这个时代的经济发展状况。从根源上来看，经济因素是影响劳模形成和发展的重要因素。在不同的经济时期、不同的经济体制下，劳动模范呈现的特点各不相同。在经济恢复发展时期，国家倡导以勤俭节约、艰苦奋斗为主的劳动精神，发展到社会主义建设时期，在计划经济体制的统一管理下，劳动模范的评选注重爱岗奉献，而且这种劳动精神在当时的语境下也具有和现在不同的计划经济意味。改革开放后，市场经济的逐步确立，使广大劳动模范成为既创造社会价值，也创造经济价值的双重模范，既讲奉献，也讲效益，对劳动模范的塑造也更加亲民化、典型化。当“东北现象”日益严重，国家实施东北振兴战略之后，劳动模范的创新特质和革新特质日益凸显，这是辽宁振兴发展最需要的精神动力，因此，在这一时期，具有创新革新意识的劳动者便成为劳模评选中选树的榜样。由此可见，经济社会的发展状况和进一步发展的实际需要，是影响劳动模范评选以及劳模个人成长发展的一项重要因素。

2. 与政策环境密切相关

政策环境是影响劳动模范成长发展的又一重要因素。首先是中央政策，如振兴东北老工业基地、全面振兴东北老工业基地的提出，就为辽宁发展提供了强有力的方向指引和政策支持。在国家宏观政策的鼓励下，新时代的辽宁劳模更加强调高度的主人翁责任感和艰苦创业精神，忘我的劳动热情和无私奉献精神，强烈的开拓进取意识和创新求实精神，良好的职业道德和爱岗敬业精神。[①] 其次是地方政策，地方出台的适应本地区发展的劳动政策、就业政策、人才政策、教育政策等，都在很大程度上影响了劳动者的整体发展状况，也影响了劳动模范的生成和发展。如 2016 年《辽宁省科技成果转化成绩优异人员专业技术资格评定暂行办法》规定，以评价科技成果转化工作成绩为第一标准，不唯学历，不唯资历，不唯身份，不唯论著，对外语、计算机不作要求。事业单位科技成果转化成绩优异人员通过专业技术资格评审后，可不受其所在单位岗位结构、职数限制，聘用到相应专业技术岗位。对在省内科技成果转化成绩特别优异的科技人员，可破

① 潘军、赵国洪：《从马克思劳动价值论看新时期劳动模范的价值和内涵》，《社会主义研究》2007 年第 3 期。

格申报或直接认定专业技术资格。这些对传统评价体系的突破使辽宁省的人才发展环境不断得以改善，劳动者有了更多的机会去实现自我，展现自我价值，以更高的热情投身于工作之中，也为劳动模范的产生提供了良好的环境。而反观“文化大革命”时期，大量高知性劳动者没有充足的发展空间，知识不能有效地转化为社会生产力，使辽宁的经济发展一度放缓，发展势头受到挫伤。

3. 与文化传统一脉相承

回顾辽宁省劳动模范的发展历史，尽管几代劳动模范所处的历史时期是完全不同的，但是甘于奉献、爱岗敬业、勇于创新等优良品质，早已成为一笔宝贵的精神财富，成为辽宁工人阶级的典型特征。虽然劳动模范的特质在不断发展变化，但是其精神内涵却相对固定，并且得以传承延续，一代又一代的劳动模范没有改变旧有的劳动精神，而是结合时代特点为劳模精神赋予了新的内涵。因此，劳动模范是社会文化的产物，既吸收了中华民族优秀传统文化和各阶段时代精神的精华，又充分结合了辽宁省独有的地域文化，使广大劳动模范不仅能够成为全国劳动者的楷模，也充分彰显了辽宁省的区域特色，如艰苦奋斗、甘于奉献等，使辽宁省的劳模文化得以生生不息的发展，并在全国劳动者范围内广泛传播，形成强大的精神力量。

第三章　东北（辽宁）老工业基地劳模文化本质的内在追问

黑格尔对于“本质”作过精辟的论述，他认为本质有三个含义：第一，本质是“实存”的根据，“根据是内在存在着的本质，而本质实质上即是根据”；第二，本质通过关系揭示，“凡一切实存都存在于关系之中，而这种关系乃是每一实存的真正性质”，“关系是自身联系与他物联系的统一”；第三，本质是与规律同等的概念。“规律是本质的关系”。[①] 列宁在《哲学笔记》中，对黑格尔这种关于“本质”探索的思路给予了充分肯定，认为这一方法是非常辩证的。基于此，探索东北（辽宁）老工业基地劳模文化的本质一方面需要研究东北（辽宁）老工业基地劳模的“实存”，另一方面需要研究东北（辽宁）老工业基地劳模文化形成发展的规律。因此，要在探索劳模文化产生的基础上，对劳模文化本质的内涵进行深入阐释，进而揭示东北（辽宁）老工业基地劳模文化本质的精神意蕴，为把握劳模文化本质、传承劳模文化奠定基础。

第一节　东北（辽宁）老工业基地劳模文化的产生

一　劳模文化产生的必然性

劳模文化是一个完整的价值体系，它既包括劳模文化的经济价值、社会

① 〔德〕黑格尔：《小逻辑》，贺麟译，商务印书馆，1980，第247～326页。

价值、伦理价值、品牌价值等方面，也是企业发展和文化建设的必然逻辑。

劳模文化是员工思想作风建设的内在要求。劳模文化是一种报效祖国、无私奉献精神的具体体现。劳模是在党的多年教育培养下，讲组织、讲纪律、讲原则的主流思想表现最集中的特殊人群，也是最聚人气、讲政治、讲正气的群众代表。劳模在群众中威信较高、影响力大、号召力强，其行为直接影响着员工的言行举止。随着改革开放的深入，世界经济走向一体化，人们的思维方式、价值取向也在多元文化的碰撞中发生了新的变化，员工的思想政治工作和行为教育也应以引导为主要方式。因而，培植和打造劳模文化，充分发挥劳模的影响力和积极作用，是加强员工思想作风建设与企业和谐文化建设的重要内容。由此树立新的行为准则与新的道德风尚，树立良好的世界观、人生观和价值观，使劳模文化的再造与企业思想政治工作相得益彰，起到异曲同工的作用。

劳模文化是生产经营管理水平提高的原动力。企业的发展进步与员工素质的不断提高息息相关。劳模作为其中的带头人，更是起到了至关重要的作用。榜样的光辉能够激发全体员工的劳动热情，激励大家围绕着一个共同目标，实现共同的愿望。以弘扬劳模文化为重要内容，适时地培养一批吃苦耐劳、勇于奉献、技术精湛的人才，打造一支高素质的员工队伍，是企业高效运转和良好发展最可靠的保证。

劳模文化是企业文化建设的重要内核。企业文化形成的过程也是不断打造劳模文化的过程。作为20世纪影响中国的十大人物之一，王进喜以他的“铁人”精神引领了一个时代，成为一个时代的劳动楷模。国有企业大多是靠“学大庆”“学铁人”起家，靠“三老四严”打天下。20世纪70年代，长炼建厂初期七位老劳模的名字已经为许多人知晓，40多年过去了，人们仍常常提及。雷锋突击队，刘胡兰突击队，铁梅泵房……这些以时人崇敬的英雄命名的队伍，今天仍活跃在长炼的生产建设中，他们的成绩更是有口皆碑。在企业改革发展的进程中，这些以劳模为代表的先进典型，对生产经营的促进、对企业文化的形成功不可没。

二　劳模文化发展创新

科技水平的不断进步，带来了生产力水平飞跃式的提升。劳模作为生产力的代表，其标准、内涵也在不断更新。在社会主义市场经济背景下，科技创新、价值创造已经代替了“吃苦耐劳”的单一标准，劳模标准的改变，势必带来劳模文化的革新。劳模文化要适应时代要求，最大限度地增强企业的凝聚力和向心力，提高企业的执行力，提升企业的软实力。

新时代劳模文化具有更加深刻和广泛的内容，在新的劳模文化坐标体系中，劳模不仅是“老黄牛”式的劳动者，更是科技创新的探索者、实践者和成功者。当代劳模文化应该具有的特征是劳动、知识、技术、管理和资本等要素的竞相迸发。发展创新劳模文化是企业家创新精神的体现。企业家的职能就是创新，作为企业的引路人、领导者，企业家的思维模式往往影响甚至决定企业文化的发展方向。事实证明，企业家创新精神强，企业就充满生机和活力，企业文化的再造过程就更加活跃。具有创新精神的企业家对塑造和创新企业劳模文化有着重要影响。创新劳模文化是激发创新热情、实现价值认同的重要手段。在企业组织中，劳模作为员工成功的典范和代表，必然引起员工的向往与跟随，鼓舞员工在平凡的工作中学习劳模不平凡的业绩。在市场竞争日趋激烈的今天，让每个员工感受到市场的发展变化给企业发展带来的压力，并引导员工把这种压力转化为创新的动力，发挥员工学劳模、学技术的热情，可以在企业为市场创造价值的同时，使员工实现自身价值。在此基础上，企业有目的地提炼劳模文化，可以为企业创新劳模文化夯实群众基础。发展创新劳模文化的目标符合企业的愿景。企业愿景是全体员工共同的目标，也是企业文化的指向。企业文化的创新如果背离了企业愿景的目标，必然给企业带来负面的影响。优秀企业成长的背后，总有一股经久不衰的原始推动力——企业愿景，激励着这些企业不断向前。

社会主义建设和发展孕育了劳模文化，新时代中国特色社会主义市场经济的发展激励着劳模文化的发展创新，劳模文化的产生发展是历史和现实发展的必然。

第二节　劳模文化本质的理论渊源

东北（辽宁）老工业基地劳模文化是中国源远流长的优秀传统文化、激扬奋进的革命文化、脚踏实地的社会主义先进文化的重要组成部分，追溯其理论基础必须回归劳模文化的生成逻辑，从马克思恩格斯等经典作家的劳动理论中去探寻劳模文化的理论渊源，从中国共产党历届领导集体的劳动实践与理论阐释中深层次挖掘中国特色社会主义的东北（辽宁）老工业基地劳模文化特质。如习近平指出，我们要始终弘扬劳模精神、劳动精神，为中国经济社会发展汇聚强大正能量。劳动是人类的本质活动，劳动光荣、创造伟大是对人类文明进步规律的重要诠释。正是因为劳动创造，我们拥有了历史的辉煌；也正是因为劳动创造，我们拥有了今天的成就。在中国特色社会主义进入新时代的新的历史时期，总结社会主义伟大实践，探寻东北（辽宁）老工业基地劳模文化本质的理论基础具有重大历史与现实意义。

一　文化及其生成

1871 年 E. B. 泰勒在《原始文化》一书中对“文化”加以界定，A. L. 克鲁伯和克赖德·克拉克洪于 1952 年发表了著名的被很多文化学和文化哲学研究者引用的《文化——关于概念和定义的评论》，他们通过深入而广泛的引证与研究，列举了 161 种关于文化的定义。由此可见学者们对文化理解上的差异。更为复杂的是，人们讨论文化时，往往又会与文明（civilization）纠缠在一起。《新不列颠百科全书》对文化作了这样的界定：文化可以被界定为人类的独特行为以及与这种行为相关的物质对象；文化有语言、观念、信仰、习俗、符号、制度、工具、技术、艺术作品、仪式、礼节等。这个定义，明显受到了泰勒的影响。泰勒认为文化是一个复杂的总体，它包括知识、信仰、艺术、道德、法律、习俗，以及作为社会成员的人所获得的能力和习惯。美国人类学家赫斯科维茨进一步将这一文化概念具体化，认为文化包括以下几个方面的内容：文化是学而知之的；文化是由构成人类的生物学成分、环境科学成分、心理学成分以及历史学成分等衍生而来的；文化具有结构；文化可以分为不同方面；文化是动态的；文化是可变的；文化显示出规律性；文化是个人适应其整个环境的工具、是表达其创造性的手段。[①] 在此基础上，克莱德·克拉克洪在《人类之镜》中，把文化逐次

① 克拉克洪：《文化概念》，载庄锡昌等编《多维视野中的文化理论》，浙江人民出版社，1987，第 118～119 页。

界定为：一个民族的全部生活方式；个人从他的群体获得的社会遗产；思维、感觉和信仰方式；源于行为的抽象；人类学家关于一个人类群体真正行为方式的理论；集中的知识库；对多发问题的一套标准化适应方式；习得行为；调节和规范行为的机制；适应外部环境和其他人的一套技能；历史的沉淀。①

相关学者概括了几种有影响力的文化概念，阐释了文化的生成。文化是一种活生生的有机体。这是一种基于深刻的感悟而形成的文化印象。文化是人类文明的总称。这是一种广义的文化概念。文化是人类的第二自然。文化是给定的和自在的行为规范体系。文化是自觉的精神和价值观念体系。文化是人的生活样式或生存方式。同时，相关学者指出，如欲对文化有更深刻的理解，我们必须回到活生生的文化现象，对它的生成或起源等作出描述和解析，才可能得到一个包含着丰富的、多样性内涵的文化范畴。相关学者从几个方面入手把握文化的发生及其本质规定性。第一，植根于人的超越性和创造性的文化。文化的人本规定性的内涵十分丰富，首先从发生学的角度看，人的产生的根本途径就是超越本能或生物学的自然，建立自己特有的一种生存体系，建立自己的“第二自然”。其次文化包含着人与动物相区别的最根本的规定性、超越性与创造性，也就是自由的维度。最后，文化所代表的人对自然的超越的维度，或者自由和创造性的维度，是人这个特殊的类的生存基础。人和动物的根本不同就是，人总在追求某种创新。文化作为自然和本能的对立面，作为人的生存方式，其最本质的规定性就体现在对自然和本能的扬弃之中，这就是人的活动所特有的超越性、创造性和自由自觉的特征。第二，作为人的类本质活动对象化的文化。文化源于人的类本质活动，即实践活动。人由于自身的生物学结构上的薄弱而用后天的、人为的“第二自然”来支撑自己的生存，这种人特有的活动就是马克思所说的实践。文化是实践的历史积淀和对象化；文化又构成实践活动的内在机理和方式。马克思认为，实践是规定着人的类特征的活动，是自由自觉的活动，是实际创造一个对象世界，改造无机自然界，进而创造人本身的活动。实践的最本质特征就在于对给定性（自然的和自身的）

---

① 转引自〔美〕格尔兹《文化的解释》，纳日碧力戈等译，上海人民出版社，1999，第4页。

的否定、超越和扬弃，在于对人自身和人的世界的创造与再创造。实践是人与自然分裂与统一的根基，实践也是人与人分类和统一的基础。实践是认识主体和客体、精神生产与物质生产分裂与统一的基础。文化源于人的超越性和创造性，实际上就是源于人的实践活动的超越性与创造性。

E. 萨皮尔（E. Sapir）在《美国社会学杂志》上曾发表题目为《文化：真与假》的论文，指出文化有三种意义。第一是传统的用法，是指一个社会或团体里的文化的物质与精神两方面。在这种意义下，从历史的角度来看，我们可以说无论哪一个民族都有文化。第二是文化的一种价值的概念。在估量文化的价值的等级上，代表了一种确定的文化水平线。每一个民族，都认为自己的文化是唯一的文化，以自己的文化为估量其他文化的标准。第三文化的目的是包括在一个名词之下的关于生活的各种普通的态度与观点，以及文明的特殊的表征，而给予某种人民在世界上有了一个显明的地位。[①] 萨皮尔认为真的文化是和谐的、平衡的、自足的文化，他注重于文化的第三种意义。陈序经认为文化从整体来看，是一个复杂的总体。从文化的成分或者是静的方面来看，它含有物质与精神各方面，从文化的发展或者是动的方面来看，它含有变化与累积的历程。怎样使这个整体得到和谐、平衡、自足的地位，从而使人类得到美满的生活，是没有达到平衡、自足的文化的人们所要解决的一个重要问题。

美国历史学家布鲁斯·马兹利什在著作《文明及其内涵》中提出今日使用的“文明”一词应具有一种全球的意味，而那些地方性差异则应称为“文化”。文明与文化两个概念交织的关系只有在回顾过去、反思历史的时候才能看到。文化可以是口头的，文明却需要书写。文化可以是民间的某一项成就，文明则与公民社会和公民身份密切相关。文化倾向于特殊和地方因素；文明则青睐不断扩张的帝国，且有普世情怀。同时，马兹利什也承认，二者是一对近义词。[②] 弗洛伊德在其《一种幻想的未来》一书中评论说文明与文化不必区分，是用来指代人类生活中所有提高自身处境，并使自身与动物野兽相区别的方方面面。

---

① 转引自陈序经《文化学概观》，岳麓书社，2010，第27页。

② 〔美〕布鲁斯·马兹利什：《文明及其内涵》，汪辉译，商务印书馆，2017，第153页。

英国学者克里斯·巴克在著作《文化研究：理论与实践》中提出了20世纪90年代以后文化研究关注的中心领域，认为文化研究探索的是我们如何成为我们这一类型的人；我们如何作为主体被制造；我们如何通过把自己描述为男性或女性，黑人或白人，年轻人或老人作出识别或情感投入。总之，构成文化研究话语建构的关键词是积极观众、政治、反本质主义、多样性、接合、大众文化、文化唯物论、关系结构、文化、权力、演讲、表象、话语建构、表意实践、霸权、社会、身份、社会结构、意识、主体性、语言游戏、文本、政治经济学。[①] 巴克还介绍了文化的一个政治观念，即关于文化在一种社会形态中和它与其他实践的关系的辩论中，文化与经济和政治之根源。马克思主义，或者历史唯物主义的哲学试图把生产力和文化的再生产与生活的物质条件构成联系。对于马克思主义，文化是政治的，因为它是阶级力量的社会关系的表达，它将社会秩序作为必然的事实自然化，它掩盖剥削的基本关系。因此，文化是有意识形态的，在这种情况下，意识形态的概念指的是意义的图谱，他们称为普遍真理的是历史的具体理解，它掩盖并维持权力。或者更概括地说，统治的思想都是统治阶级的思想。通过这种方式表达经济基础和上层建筑之间的关系是一种经济决定论，经济决定论是指利益驱动和阶级关系直接决定文化产品的形式和意义。经济决定论意味着，由于电视公司是由利益需求来驱动的，所有节目都以资本盈利为先。这种机械和确定性模式的影响早已在文化研究中消退，更进一步说，文化研究叙事是对经济简化论的背离，转而迈向语言、文化、表现和消费的自主逻辑分析。在文化研究中，多数思想家都拒绝了经济简化论，因为它过于简单而没有给予文化习俗任何其自身的特点。经济决定因素的分析对于了解文化可能是必要的，但文化不是，也不可能是自给自足的，我们需要依据它们自己的规则、逻辑、发展和有效性等方面来观察文化现象。这一论点指出，对于理解文化，一个多层次、多角度的途径是可取的。

美国学者雅克·巴尔赞在《我们应有的文化》一书中提出，文化是以

① 〔英〕克里斯·巴克：《文化研究：理论与实践》，孔敏译，北京大学出版社，2013，第11页。

确定的方式铸造的集体生活的表现，这种表现包括权力、“成长”、快乐和坚强的自信，还有不断发展的其他明显标志。但是，它也包括对某些理想和生活方式的默示信念，得到对计划的正确性的普遍信念的支持。其结果是，人们普遍对那些看不见、摸不着的东西，对他们日常生活中形成的习惯持不相信的态度，这导致了整个文明的解体。但这也是最后让我们感到慰藉的东西：只要人类还在，文明和它的所有产物也会以萌芽的方式存在。文明与“我们的文明”不是同一个东西，重建国家和文化，无论是现在还是其他任何时候，都是我们的本性中不可或缺的东西，比渴望和悲叹更有吸引力。[①]

二　劳模文化是文化伦理精神的集中生成

文化的本质是伦理精神。伦理精神是一种实践精神，是一种从人的目的性出发来改造世界包括改造人自身的自觉自为精神，体现了人对世界的能动把握及人对自己生命的深刻认识和价值追求。黑格尔指出：“精神乃是一个民族——这个个体是一个世界——的伦理生活。它必须继续前进以至对它的直接状态有所意识，它必须扬弃美好的伦理生活并通过一系列的形态以取得关于它自身的知识。”伦理精神是这样一种精神，“它是自为的，因为它保持其自身于作为其成员的那些个体的反思之中，它又是自在的，或者说它又是实体，因为它在本身内包含着这些个体”。伦理精神既包含“一般伦理的内在概念和普遍可能性”，又包含个体成员的自我意识或个体道德意识，或者说是民族伦理精神和个体伦理精神的辩证结合，体现着普遍性与特殊性的矛盾统一。伦理精神是民族精神和时代精神的积淀，是伦理文化的精华。[②]

陈序经在《文化学概观》中提出，中国两千余年的思想，偏重于道德。孔子孟子以道德为人生和文化的解释，自孔子老子之后的中国人解释历史或文化时，也是以道德为标准和主体。中国的文化基础是道德，一般人以为西洋文化重在物质，中国文化偏于精神，也是伦理的文化的观点。辜鸿

① 〔美〕雅克·巴尔赞：《我们应有的文化》，严忠志译，中信出版社，2014，第220页。

② 王泽应：《伦理精神自信是文化自信的核心和根本》，《道德与文明》2011年第5期。

铭在《春秋大义》中提出文化的价值估量并不在于物质的建设，制度的造作，艺术的发展，或是科学的发明，而是在于道德的观念的优美，以及道德的生活的养成。所谓物质制度、艺术和科学等，虽也可以叫作文化的必要条件，但是这些东西的本身，却不能谓为文化。只有优美的道德的生活，才可以叫作文化。辜鸿铭的优美的道德的生活是以道德作为文化的主体与标准，也就是孔子的道德主张。复兴中国，要保存这种道德。拯救欧美的文化纷乱与沦亡，也要这种道德。①

柏拉图在《理想国》里，认为政治不过是达到道德生活的一种工具，追求一种德性意义上的正义。他认为，正义就是构建理想国所要遵从的一种准则。从道德的层面说，《理想国》就是要消除社会不正义，实现国家正义。“把正义作为一种社会的道德理想，按此定义方法，正义是指一种个人的道德品质，即给予每一个人以应得的善或按照每个人的功德来给予善的回应的品质”，正义就是给予每个人恰如其分的报答。柏拉图说：“正义是善”，每个人在国家中各司其职、各守其分保证国家的整体顺利运行，就是正义。符合正义原则的事情，就是善的、正确的事情，是应该去做的。反之，就要避免去做。正义的人是幸福的，在这个意义上，正义又等同于幸福。幸福是由社会秩序保障的，如果人们的行为符合了正义规范，则每个人都能在社会秩序和正义中找到幸福。人类对正义的渴求就是对幸福的渴求，柏拉图的道德正义思想就是追寻全体公民的幸福。巴克也认为：“柏拉图的正义根本上是一个社会道德概念，它涉及整个社会的善和幸福。”正义既涉及国家，又涉及个人的至善，是维系社会统一、和谐的纽带，它既是一种私德，又是一种公德，二者一以贯之。

亚里士多德在《政治学》里认为一切社会或生活的目的在于求善。国家是各种社会、生活的总和，所以国家的目的在于寻求至善。他在《尼各马可伦理学》中提出所有事物都以善为目的。理智德性又可以分为理论理性的德性和实践理性的德性。他说，智慧是理论理性的德性，是人作为人所具有的最高等的德性。明智是实践理性的德性，是一种可以通过教化学习而得到，又在日常生活的习惯中形成的德性。另外，伦理德性是理性控

① 陈序经：《文化学概观》，岳麓书社，2010，第133页。

制情感和欲望，使行为合乎“中道”的品质。伦理德性会通过摸索、学习、训练而得到。根据《尼各马可伦理学》，诚实、勇敢、节制、正义等都属于伦理德性。总之，伦理的或道德的生活，是国家文化的基础。

美国历史学家布鲁斯·马兹利什在著作《文明及其内涵》中提出人类在探讨文明概念的本质的过程中，对人类的分裂本性产生了更加深刻的认识。人们开始认识到人类既有利他性，也有自私性。人性中的利他倾向使人类能够相互合作，形成社会团体，如家庭、部落、民族、帝国乃至文明。利他倾向深植于人性，新的研究也支持这一点，认为人类有“合作的冲动”，也就是说我们乐意于与他人合作，行善也是以神经构造作为基础的。另外迫于生存，人类也不得不共同劳作。随后，自私性掺杂了进来。如亚当·斯密所说，最后我们的自私心通过我们融入社会纽带而得到满足，同时它又在社会纽带的形成过程中发挥重要作用。如此看来，文明既是社会纽带的最高形式，也是最广泛的形式。因此，文明概念的另一个功能是表达一种理想抱负。正如杜赞奇所说：“民族国家时代的文明话语与对一种卓越精神目标的渴望聚集在一起。”① 文明是最崇高的联系纽带，人类在文明的旗帜下聚集在一起，虽然这种聚集是精神上的而非领土上的。文明代表了整个人类的社会存在理想。②

什维兹尔在《文化的衰败与复兴》一书中，提出文化是不断生存、发展的。然而文化是要以真正的伦理、精神为基础的，这才使所谓创造的、艺术的、理智的以及物质的成就充分和实在地表现其效果。文化本身的实现，是要从理性中找出来，一方面要征服自然的力量，一方面要征服人类的性格，能够征服这两种势力，文化才有意义，才能进步。文化的真正的进步就是征服人类的性格方面。征服自然为物质进步，而征服人性为精神进步。所谓征服人性的意义，是要每个人能够以团体和组成这个团体的个人的物质与精神的利益，来决定其意志。这就是说，他们的动作，是伦理的，伦理是文化的本质，伦理的进步，才是文化的真正的进步。

① Prasenjit Duara, “The Discourse of Civilization and Pan-Asianism,” *Journal of World History* 1 (2001): 1.

② 〔美〕布鲁斯·马兹利什：《文明及其内涵》，汪辉译，商务印书馆，2017，第145页。

法国哲学家阿尔贝特·施韦泽在著作《文化哲学》中提出，文化的本质是伦理。文化是进步，是个人和集体在物质和精神上的进步。文化在哪里？文化首先在于，对于个人和集体而言，生存斗争缓和了。创造尽可能繁荣的生活关系是这样一种要求：不仅它本身就必须被提出来，而且为了个人在精神和道德上的完善，即文化的最终目的，也必须被提出来。生存斗争只有这样才能得以缓和：以最大可能和最合目的的方式，理想地实现对自然和人性的控制。就其本质而言，文化也具有双重意义。文化既实现于理性对自然力量的控制之中，也实现于理性对于人类信念的控制之中。在这两种进步中，最为本质的是理性对人类信念的控制。理性对于信念的控制在于个人和集体的意志由整体和多数人的物质和精神福利所决定的地方，这就是伦理。因此，在文化的发展中，伦理的进步是本质和确定的进步，而物质的进步就不那么本质，并且具有双重性。[①] 敬畏一切生命是施韦泽生命伦理学的基石。施韦泽把伦理的范围扩展到一切动物和植物，认为不仅对人的生命，而且对一切生物和动物的生命，都必须保持敬畏的态度。善是保持生命、促进生命，使可发展的生命实现其最高的价值，恶则是毁灭生命、伤害生命，压制生命的发展。这是必然的、普遍的、绝对的伦理原则。伦理不问是这种生命还是那种生命是否有价值，是否应该加以保存和促进。生命本身就神秘地具有在思想和行动中应该敬畏的价值。所有理性主义，如果它不断深化的话，就归结于神秘主义。在敬畏生命中，施韦泽赋予自己的存在以最高价值，并把他的存在奉献给世界。来自敬畏生命神秘主义的动力创造和保存这样的价值，它服务于人和人类的完善，并构成整体的文化。

劳模文化是文化的伦理维度的集中体现，是中国特色社会主义文化的重要组成部分。在文化的所有层面中，最具内在性、最能体现文化的超越性和创造性本质特征的是精神文化。精神文化包括个人和社会群体的所有精神活动及其成果，是以意识、观念、心理、理论等形态而存在的文化。

大多数文化学或文化哲学研究者在某种意义上都会同意文化的构成可粗略地划分为物质文化、精神文化和制度文化，因为这种划分能够最大限度地涵盖整个文化世界。梁漱溟在《东西文化及其哲学》一书中把文化定

① 〔法〕阿尔贝特·施韦泽：《文化哲学》，陈泽环译，上海人民出版社，2013，第37页。

义为一个民族生活的种种方面，概括了三个主要层面：物质文化、精神文化和制度文化。精神生活方面，如偏向情感的宗教、艺术等；偏向理性的科学、哲学等。社会生活方面，我们对于周围的人，家族、朋友、社会、国家和世界之间的生活方法都属于社会生活的一方面，如社会组织、伦理习惯、政治制度和经济关系。物质生活方面，饮食、起居和种种享用，人类对于自然界求生存的各种活动。在文化的所有层面中，最具内在性、最能体现文化的超越性和创造性本质特征的是精神文化。精神文化包括个人和社会群体的所有精神活动及其成果，是以意识、观念、心理和理论等形态而存在的文化。精神文化最深刻地体现了人的文化超越自然、本能的创造性和自由的本性。

劳模文化是爱岗敬业、争创一流、艰苦奋斗、勇于创新、淡泊名利和甘于奉献的精神文化。中国伦理学会秘书长孙春晨认为劳模文化本质上是一种道德文化，是文化的伦理体现。从内容上看，敬业、尽责和奉献是劳模文化的核心价值观。由这三个核心价值观构成的劳模文化充分体现了道德的内在本质。从传播方式上看，劳模文化通过榜样和示范的路径来影响更多的劳动者，从而塑造“劳动光荣、创造伟大”的社会文化氛围，这与道德文化的传播方式是相同的。[①] 东北大学田鹏颖教授在《马克思唯物史观视阈中的劳模精神》一文中提出：劳模精神源于历史积淀而成于现实支撑，是对中国特色社会主义文化自信的生动诠释，是我国主流意识形态建设在劳动实践向度内的集中表达。在马克思唯物史观中，中华优秀传统文化是在劳动中获得的精神创造，劳模精神的实质则是中华优秀传统文化之现代化的创造性转化形态。科学认识劳模精神与中华优秀传统文化的关系问题，要以辩证唯物主义和历史唯物主义为根本遵循。一方面，寻根溯源，历史性地深度诠释。中华优秀传统文化是劳模精神的文化母体。中华人民共和国成立以后，特别是“一五”“二五”时期以来，中国已经普遍实现了由传统封建小农经济向机器化大工业的跨越，劳模精神是以社会主义计划经济和市场经济为基础，以大力推动社会生产力发展为根本目标，以贡献社会

① 《劳模文化与辽宁振兴——2015 年辽宁省中青年学者论坛综述》，《中国社会科学报》2015 年第 16 期。

物质文明和精神文明为旨归的先进精神力量。[①] 另一方面，兼收并蓄，批判性地继承与创新。劳模精神是新时代中华优秀传统文化的现代化转型发展、综合性创新与超越的成果之一。劳模精神生成于中国共产党革命文化，它们是中国共产党革命文化生成和演进的合目的性与规律性的内在统一，革命文化的弘扬奠定了劳模精神的根基。劳模精神是社会主义先进文化所特有的精神现象。共产党始终坚持以马克思主义和中国特色社会主义先进文化教育广大劳动群众、建构我国先进的劳动精神（即劳模精神），以确保马克思主义劳动观对劳模精神的科学指导。我国劳模精神的集聚与塑造过程也是社会主义先进文化的构建与发展过程。

劳模产生于20世纪30年代的中央苏区公营企业。其目的是通过树典型，授予典型人物荣誉称号，激励人们努力工作。1949年中华人民共和国成立后，国家建设任务艰巨，党和政府把20世纪30年代劳模的经验又运用在经济生活中。1950年，全国总工会副主席李立三建议中央要加强对劳模的宣传和推广，把劳模制度化，定期召开全国劳模大会。20世纪60年代全国性的劳模评选活动停止了，直到1977年才得以重新恢复。自1989年以来，全国劳模和先进工作者的评选表彰工作开始逐渐向规范化方向发展，基本形成了每五年一次，每次3000名左右的固定规模。可见，劳模从其产生来看，原本是企业为激励生产、鼓励先进的一种做法，后经过国家的干预、引导、宣传和推广，并不断赋予劳模一定的道德、精神和价值因素，才使之逐渐变成国家有意识的行为，以推动道德教化、促进生产、控制社会和维护秩序。当然，国家也给予劳模一定程度的补偿和激励。国务院和全国总工会在1978年、1982年、1983年和1989年先后出台了一系列规定，提高劳模待遇和地位。2000年后，劳模的待遇和管理走向规范。可见，劳模作为一种文化现象，从其产生、发展到现在的逐步规范，是国家政治社会化的产物，体现了国家的意识和意志。[②]

东北（辽宁）老工业基地的劳模孕育成长在革命战争时期，发展壮大于中华人民共和国成立初期，与时俱进于改革开放和社会主义现代化建设

---

① 田鹏颖：《马克思唯物史观视阈中的劳模精神》，《广西社会科学》2017年第11期。

② 逯改：《社会主义文化建设中的劳模文化》，《沈阳干部学刊》2015年第12期。

新时期。辽宁拥有丰富的劳模文化资源，在振兴辽宁“滚石上山、爬坡过坎”的关键时期，发挥辽宁劳模文化资源的引领功能，是振兴辽宁的重要文化战略之一。中华人民共和国成立初期，面临着国家生产状况的极度贫乏和社会主义政权还未得到有力巩固等挑战，以赵国有、马恒昌等为代表的劳动模范克服当时物质条件落后的困难，攻坚克难，发挥“没有条件创造条件也要上”的干劲，创造了当时生产发展的新纪录，为巩固社会主义政权和大力发展生产做出了巨大的贡献。社会主义建设时期，国家建设全面拉开，东北涌现出了一批以“毛主席的好工人”尉凤英、“工人工程师”王凤恩为代表的劳模，为实现国家“一五”“二五”建设目标发挥了榜样作用。改革开放时期，我国继续坚持实事求是的思想路线，解放思想，勇于冲破僵化的体制机制，敢于挣脱传统思想的束缚，探索并推动我国社会主义市场经济发展，以“八十年代新孟泰”张成哲、勇于改革的企业家赵希友为代表的劳模，用敢想敢做的魄力、创新求变的勇气，为东北地区改革开放事业和社会建设事业贡献了巨大的力量。[①]

劳模文化是由劳动模范这一集合体所形成的整体价值观念、信仰追求和道德规范等品格，这些品格代表着东北地区社会发展的主流价值观念，构成了引领东北老工业基地振兴的基本价值遵循，推动劳模文化的传承创新，有助于全面准确贯彻落实振兴东北老工业基地的重要战略部署。另外，劳动模范的带动作用能够为推动东北经济转型升级集聚新动力。激发劳模文化影响力的主体是劳动模范，他们在各自的工作岗位上承担着重要的使命，不仅是关键性技术的开拓者，推动各项任务顺利进行，而且与一般职工相比，他们的坚定信念和高尚修养，使得他们成为新时代的奋进者、搏击者，更加愿意为各行各业的发展贡献自己的力量，他们所创造的经济、社会效益要远远高于普通员工。

三　马克思主义经典作家的劳动思想是劳模文化的理论基础

劳动问题是马克思主义理论的核心问题。劳动既是马克思唯物史观的

① 张志元、雷慧俊：《东北老工业基地全面振兴中的劳模文化价值探析》，《中国劳动关系学院学报》2018 年第 4 期。

逻辑起点，也是马克思政治经济学的立论基石，马列劳动思想是近代中国寻求正确革命道路的理论指南。马克思恩格斯指出，劳动在本质上是人的创造性、解放性活动，人只有在劳动中才能进行创造性活动，在人之外不可能有任何自然力量或超自然的力量能够进行创造性活动。

（一）马克思劳动思想

1. 马克思关于劳动解放人的论述

劳动使人从动物界解放而成为真正的人，使人的需要及其满足成为人的而非以自然方式满足的需要，从而使人从自然神秘力量的束缚下解放。在《1844年经济学哲学手稿》中，马克思指出，动物就是自己的生命活动，“人则使自己的生命活动本身变成自己意志的和自己意识的对象”①。在《资本论》中马克思说：“最蹩脚的建筑师从一开始就比最灵巧的蜜蜂高明的地方，是他在用蜂蜡建筑蜂房以前，已经在自己的头脑中把它建成了。”② 劳动使人从动物界解放，同时意味着人的需要及其满足须通过劳动来实现。也即意味着通过劳动，人才可以从自然神秘力量的束缚下解放，“关于某种异己的存在物、关于凌驾于自然界和人之上的存在物的问题”③，“在实践上已经成为不可能的了”④。劳动所要承载的是一种非常丰富的内涵，其中既包括个人的异化经过现实社会生活“中介”之后的表达形式，即雇佣劳动，又包括“社会的个人”在现实社会生活层面所表达出的内涵，即能够体现个人全面发展的自由自觉的活动的内涵。“劳动”在马克思此时的思路中本身就是一个历史性的概念，正像他在《导言》中所说的，劳动这个例子确切地表明，哪怕是最抽象的范畴，虽然正是由于它们的抽象而适用于一切时代，但是就这个抽象的规定性本身来说，同样是历史关系的产物，而且只有对于这些关系并在这些关系之内才具有充分的意义。

马克思认为，人原本就是自然界的一部分，正是“有意识的生命活动把人同动物的生命活动直接区别开来”⑤。马克思在这里所说的“有意识的

---

① 《马克思恩格斯全集》第3卷，人民出版社，2002，第273页。
② 《马克思恩格斯选集》第2卷，人民出版社，1995，第178页。
③ 《马克思恩格斯全集》第42卷，人民出版社，1979，第131页。
④ 《马克思恩格斯全集》第42卷，人民出版社，1979，第131页。
⑤ 《马克思恩格斯全集》第3卷，人民出版社，2002，第273页。

生命活动”，即不同于动物生命活动的人类劳动。刚刚脱胎于动物界的人，只是自然存在的人，还不能体现人类的本质即人的社会性。“全部人的活动迄今为止都是劳动。”① 马克思关注“劳动”，关注现实的物质生产过程，并不意味着他就不关心人的自由活动的实现了。恰恰相反，即使在他关注现实劳动的时候，他脑海中所想着的依然是人的自由自觉活动的理想的实现。这也是为什么他一旦转入对“资本的生产过程”的研究，就很快从一般性的“劳动”概念转入了具有社会历史内涵的“雇佣劳动”概念的原因。因为他必须要研究雇佣劳动所承载的资本主义生产关系的内在矛盾，来科学地证明自由自觉的劳动实现的必然性。在阐述个人在未来的自由活动时，马克思事实上也用了“劳动”的概念，“对于正在成长的人来说，这个直接生产过程就是训练，而对于头脑里具有积累起来的社会知识的成年人来说，这个过程就是［知识的］运用”②，“由于劳动要求实际动手和自由活动，就像在农业中那样，这个过程同时就是身体锻炼。”③

2. 劳动创造社会，创造社会关系

“人的社会属性同样是劳动的结果”。人通过劳动，建立人与人之间的联系，形成人与人之间的关系，从而联合成社会。“社会也是由人生产的”，“社会是人同自然界的完成了的本质的统一”。可以说，人只能在人自己创造的社会及社会关系中才能真正成为人。显然，在人从自然界分化出来演化成自然人，再进而成为社会人的过程中，劳动发挥着决定性的作用。劳动又必是在一定社会中进行的社会性活动，劳动有时是个人的活动，但更多的时候是集体活动。④ 这就意味着劳动解放人即劳动解放人的社会关系——从不合理的社会关系中解放。劳动之所以成为解放不合理社会关系的根本途径，其原因在于劳动者的素质发展是社会关系发展变化的根本原因，劳动则是劳动者素质发展的基本途径，“劳动解放不是非劳动的统治者

① 《马克思恩格斯全集》第3卷，人民出版社，2002，第306页。

② 《马克思恩格斯全集》第46卷下册，人民出版社，1980，第226页。

③ 《马克思恩格斯全集》第46卷下册，人民出版社，1980，第226页。

④ 〔加〕罗伯特·W. 考克斯：《生产、权力和世界秩序——社会力量在缔造历史中的作用》，林华译，世界知识出版社，2004，第3页。

恩赐的，而是劳动者以自己的努力不断提高自身素质和变革社会关系的体现”[1]。在《德意志意识形态》中马克思首先重申了劳动对于人的生命的意义，将劳动和生育相提并论，称之为“生命的生产”。和“生育”“生产他人的生命”不同的是，劳动“生产自己的生命”。接下来，马克思着重探讨了劳动对人的社会关系的影响。人一经开始劳动活动，便产生双重关系：人与自然界之间的自然关系和人与人之间的社会关系从“起初是唯一的社会关系”的家庭关系的产生，到“许多个人的共同活动”的社会关系的形成，劳动无疑发挥着关键性作用。马克思进一步论证，个人劳动活动的扩展推动着人的社会关系的复杂化和个人精神的丰富。“个人在精神上的现实丰富性完全取决于他的现实关系的丰富性”。在劳动中发展起来的社会关系对于真正的人的意义，马克思在《关于费尔巴哈的提纲》中简洁地将此凝练为人的本质“是一切社会关系的总和”的著名论断。

马克思十分明确地指出：“如果从整体上来考察资产阶级社会，那么社会本身，即处于社会关系中的人本身，总是表现为社会生产过程的最终结果。具有固定形式的一切东西，例如产品等等，在这个运动中只是作为要素，作为转瞬即逝的要素出现。直接的生产过程本身在这里只是作为要素出现。生产过程的条件和物化本身也同样是它的要素，而作为它的主体出现的只是个人，不过是处于相互关系中的个人，他们既再生产这种相互关系，又新生产这种相互关系。”[2] 也正因为如此，马克思才会把生产力和社会关系视为社会的个人发展的两个方面，把科学视为人的生产力发展的一个维度。如他在《导言》中所说的：“劳动这个例子确切地表明，哪怕是最抽象的范畴，虽然正是由于它们的抽象而适用于一切时代，但是就这个抽象的规定性本身来说，同样是历史关系的产物，而且只有对于这些关系并在这些关系之内才具有充分的意义。”[3]

社会存在决定社会意识，从广义上看，社会意识本身就是社会的重要组成部分。因而解放不合理社会关系本身包括，同时也必然促进解放不合

① 刘永佶：《主义·方法·主题》，中国经济出版社，2001，第22页。
② 《马克思恩格斯全集》第46卷下册，人民出版社，1980，第226页。
③ 《马克思恩格斯全集》第46卷上册，人民出版社，1979，第43页。

理的社会意识。马克思所指应解放的不合理社会意识当然包括劳动者自发形成的落后意识。但就其批判的重点而言，主要还是指剥削阶级的意识形态。解放不合理社会意识的基本途径依然是劳动。因为生产关系是围绕劳动或因劳动而产生的利益关系，社会意识则因生产关系的变化而变化。马克思就此举例说：现实世界的宗教反映消失的前提是“实际日常生活的关系，在人们面前表现为人与人之间和人与自然之间极明白而合理的关系的时候”[①]；至于生产过程本身，则只有在“作为自由结合的人的产物，处于人的有意识有计划的控制之下的时候，它才会把自己的神秘的纱幕揭掉”[②]。

3. 共产主义社会将终结雇佣劳动

最后，马克思对共产主义本质及科学社会主义一系列问题的劳动观点表明，共产主义社会，是一个每个人都能自由而全面发展的社会，由资本主义过渡到共产主义形态，是从必然王国向真正自由王国的飞跃。这个自由王国不是一个人人都必须还要劳动的“劳动社会”，刚好相反，在共产主义社会，雇佣劳动必然终结了。“雇佣劳动的平均价格是最低限度的工资，即工人为维持其工人的生活所必需的生活资料的数额。因此，雇佣工人靠自己的劳动所占有的东西，只够勉强维持他的生命的再生产。我们决不打算消灭这种供直接生命再生产用的劳动产品的个人占有，这种占有并不会留下任何剩余的东西使人们有可能支配别人的劳动。我们要消灭的只是这种占有的可怜的性质，在这种占有下，工人仅仅为增殖资本而活着，只有在统治阶级的利益需要他活着的时候才能活着。”[③] 在共产主义社会，已经积累起来的劳动只是扩大、丰富和提高工人生活的一种手段。从劳动不再变成资本、货币和地租，从个人财产不再变成资产阶级财产的时候，雇佣劳动也不存在了。

“事实上，自由王国只是在由必需和外在目的规定要做的劳动终止的地方才开始。因而按照事物的本性来说，它存在于真正物质生产领域的彼岸。……在这个必然王国的彼岸，作为目的本身的人类能力的发展，真正的自

① 《马克思恩格斯全集》第44卷，人民出版社，2001，第97页。

② 《马克思恩泽斯选集》第2卷，人民出版社，1995，第142页。

③ 《马克思恩格斯选集》第1卷，人民出版社，2012，第415页。

由王国，就开始了。”① 那么，资本主义是怎样崩溃的呢？马克思虽然也承认由劳动生产力的高度发展所推动生产、资本的社会化是资本实现自我扬弃的基本途径，但资本主义崩溃的根本原因却是劳动生产力无限增长导致的活劳动的终结。在《政治经济学批判（1857－1858年手稿）》中，马克思在谈到资本的历史使命时指出：“资本的伟大的历史方面就是创造这种剩余劳动，即从单纯使用价值的观点，从单纯生存的观点来看的多余劳动，而一旦到了那样的时候，即一方面，需要发展到这种程度，以致超过必要劳动的剩余劳动本身成了从个人需要本身产生的普遍需要，另一方面，普遍的勤劳，由于世世代代所经历的资本的严格纪律，发展成为新的一代的普遍财产，最后，这种普遍的勤劳，由于资本的无止境的致富欲望及其唯一能实现这种欲望的条件不断地驱使劳动生产力向前发展，而达到这样的程度，以致一方面整个社会只需用较少的劳动时间就能占有并保持普遍财富，另一方面劳动的社会将科学地对待自己的不断发展的再生产过程，对待自己的越来越丰富的再生产过程，从而，人不再从事那种可以让物来替人从事的劳动，——一旦到了那样的时候，资本的历史使命就完成了。”② 共产主义革命的实质是要从根本上消灭活劳动。过去的一切革命始终没有触动活动的性质，始终不过是换另外的方式分配这种活动，不过是在另一些人中间重新分配劳动，而共产主义革命则消灭劳动，并消灭任何阶级的统治及这些阶级本身。共产主义并不剥夺任何人占有社会产品的权力，它只剥夺利用这种占有去奴役他人劳动的权力。

（二）恩格斯劳动思想

1. 劳动在从猿到人转变过程中的作用

劳动是一切财富的源泉。其实劳动和自然界一起才是一切财富的源泉，自然界为劳动提供材料，劳动把材料变为财富。但是劳动还远不止如此，它是整个人类生活的第一个基本条件，而且达到这样的程度，以致我们在某种意义上不得不说：劳动创造了人本身。我们的祖先在从猿转变到人的好几十万年的过程中逐渐学会了使自己的手适应于一些动作，这些动作在

① 《马克思恩格斯全集》第25卷，人民出版社，1974，第926～927页。

② 《马克思恩格斯全集》第46卷上册，人民出版社，1979，第287页。

开始时只能是非常简单的。手不仅是劳动的器官，它还是劳动的产物。但是手并不是孤立的，它仅仅是整个极其复杂的机体的一个肢体。凡是有利于手的，也有利于手所服务的整个身体，而且这是从两方面进行的。更重要得多的是手的发展对其余机体的直接的、可证明的反作用。随着手的发展、随着劳动而开始的人对自然的统治，在每一个新的进展中扩大了人的眼界。他们在自然对象中不断地发现新的、以往所不知道的属性。另外，劳动的发展必然促使社会成员更紧密地互相结合起来，因为它使互相帮助和共同协作的场合增多了，并且使每个人都清楚地意识到这种共同协作的好处。

首先是劳动，然后是语言和劳动一起，成了两个最主要的推动力，在它们的影响下，猿的脑髓就逐渐地变成人的脑髓；后者和前者虽然十分相似，但是就大小和完善的程度来说，后者远远超过前者。由于手、发音器官和脑髓不仅在每个人身上，而且在社会中共同作用，人才有能力进行愈来愈复杂的活动，提出和达到愈来愈高的目的。劳动本身一代一代地变得更加不同、更加完善和更加多方面。动物仅仅利用外部自然界，单纯地以自己的存在来使自然界改变；而人则通过他所作出的改变来使自然界为自己的目的服务，来支配自然界。这便是人同其他动物的最后的本质的区别，而造成这一区别的还是劳动。人类统治自然界，决不象征服者统治异民族一样，决不象站在自然界以外的人一样，——相反地，我们连同我们的肉、血和头脑都是属于自然界，存在于自然界的。我们对自然界的整个统治，是在于我们比其他一切动物强，能够认识和正确运用自然规律。到目前为止存在过的一切生产方式，都只在于取得劳动的最近的、最直接的有益效果。那些只是在以后才显现出来的、由于逐渐的重复和积累才发生作用的进一步的结果，是完全被忽视的。原始的土地公有制，一方面适应于眼界完全局限于眼前事物的人们的发展程度，另一方面则以可用土地的一定剩余为前提，这种剩余的土地提供了一定的活动余地来对付这种原始经济的不虞之患。剩余的可用土地用尽了，公有制也就衰落了。而一切较高的生产形式，都导致居民的分为不同的阶级，因而导致统治阶级和被压迫阶级之间的对立。因此，只要生产不局限于被压迫者的最必需的生活用品，统治阶级的利益就成为生产的推动因素。在西欧现今占统治地位的资本主义生产方式中，这一点表现得最完全。支配着生产和交换的一个一个的资本家所能关心的，只是他们的行为的最直接的有益效果。不仅如此，甚至就连这个有益效果本身——只就所制造的或交换来的商品的效用而言——也完全退居次要地位了；出售时要获得利润，成了唯一的动力。[①]

2. 恩格斯概括“两种生产理论”

根据唯物主义观点，历史中的决定性因素，归根结底是直接生活的生产和再生产。但是，生产本身又有两种。一方面是生活资料即食物、衣服、住房以及为此所必需的工具的生产；另一方面是人自身的生产，即种的繁衍。一定历史时代和一定地区内的人们生活于其下的社会制度，受着两种生产的制约：一方面受劳动的发展阶段的制约，另一方面受家庭的发展阶段的制约。就“劳动”与“生育”的相互关系而言，劳动作为人与自然之间的一种物质和能量的交换，其功能在于解决“吃、喝、住、穿”这些人的第一需要，因而称之为“人类生活的第一个基本条件”。虽然如此，如果舍弃了“生育”这个要件，即人口的繁衍，劳动本身则不能构成人的生命生产的全部条件。

恩格斯十分重视劳动范畴在马克思主义体系中的地位，在《费尔巴哈论》中指出了马克思主义是在劳动发展史中找到了人类全部发展史中钥匙的学派。同马克思一样，恩格斯相信未来共产主义社会是建立在从资本主义社会中形成的高度发展的物质生产力上的。劳动生产力的提高必然导致资本主义崩溃。恩格斯指出：“这些日益加速互相排挤的发明和发现，这种每天空前大量增长的人类劳动的生产率，终于造成一种定会使当代资本主义经济陷于灭亡的冲突。一方面是不可计量的财富和购买者无法对付的产品过剩，另一方面是社会上绝大多数人口无产阶级化，变成雇佣工人，因而无力获得这些过剩的产品。社会分裂为人数不多的过分富有的阶级和人数众多的无产的雇佣工人阶级，这就使得这个社会被自己的富有所窒息，而同时它的极大多数成员却几乎得不到或完全得不到保障去免除极度的贫困。社会的这种状况一天比一天显得越加荒谬和越加不需要了。它应当被消除，而且能够被消除。一个新的社会制度是可能实现的，在这个制度之

① 《马克思恩格斯全集》第20卷，人民出版社，1971，第521页。

下，当代的阶级差别将消失；而且在这个制度之下——也许在经过一个短暂的，有些艰苦的，但无论如何在道义上很有益的过渡时期以后，——通过有计划地利用和进一步发展一切社会成员的现有的巨大生产力，在人人都必须劳动的条件下，人人也都将同等地、愈益丰富地得到生活资料、享受资料、发展和表现一切体力和智力所需的资料。”① 在共产主义社会，虽然劳动生产率的巨大增长使劳动时间减少到从现代观念来看非常小的程度，但这是以实现“劳动普遍性原则”为前提的。劳动的普遍性要求任何人都不能把自己在生产劳动这个人类生存的自然条件中所应参加的部分推到别人身上。在这种情形下，商品经济消亡了，交换价值不存在了，但产品中所包含的价值实体即劳动耗费本身还存在，在生产中仍有必要计量物化在产品中的活劳动时间。“社会一旦占有生产资料并且以直接社会化的形式把它们应用于生产，每一个人的劳动，无论其特殊用途是如何的不同，从一开始就成为直接的社会劳动。那时，一件产品中所包含的社会劳动量，可以不必首先采用迂回的途径加以确定；日常的经验就直接显示出这件产品平均需要多少数量的社会劳动。社会可以简单地计算出：在一台蒸汽机中，在一百公升的最近收获的小麦中，在一百平方米的一定质量的棉布中，包含着多少工作小时。”② 尽管共产主义社会中人人都必须劳动，还必须核算产品中包含的活劳动耗费，并能直接计算出产品中的劳动时间，但劳动的性质发生了根本变化，不仅每个人的劳动一开始就成为直接社会劳动，而且生产劳动给每个人提供全面发展和表现自己全部的即体力和脑力能力的机会，生产劳动不再是奴役人的手段，而是解放人的手段，它从人的一种负担变成一种快乐。

恩格斯认为资本主义生产方式中生产力的发展，导致劳动社会化的趋势，劳动的社会化与资本主义私人占有的矛盾导致资本主义一系列冲突发展，最终结果是健全社会共同占有生产资料的共产主义社会，而且一旦社会占有生产资料，商品经济、分工和私有制必然随之终结。资本家进行生

① 《马克思恩格斯选集》第1卷，人民出版社，1995，第329~330页。

② 《马克思恩格斯全集》第20卷，人民出版社，1971，第334页。

产和交换时，其直接目的就是获得利润最大化，他们只关注最近的最直接的后果，为了获得心满意足的利润，可以不择手段。一旦交换成功，他们绝对不会去关心这种已经交换过的商品和卖主的情形怎样了。因此，恩格斯指出资产阶级的本性决定了追求利益最大化，生态环境的破坏是资本主义生产方式的必然结果，要从根本上彻底地改变资产阶级为了眼前的利益，破坏生态环境、违背自然规律的现状，单靠调节是不够的，必须对资本主义生产方式和整个资本主义制度实施完全的变革，而且这种变革必然以共产主义社会代替存在阶级对立的资本主义的腐朽的旧的社会而告终。可以看出，恩格斯对共产主义及科学社会主义的许多理论认识，没有脱离空想社会主义观点。这种观点的实质，是从"劳动本位"出发来分析共产主义社会本质，分析科学社会主义的基本问题。

因此，马克思恩格斯关于劳动本质的思考具有极其重要的意义，劳动的意义就在于，它是人类生存与发展过程中的永恒主题，它创造了人及其人类世界，是人的本质力量的表现和确证，是理解社会发展史的钥匙，同样也是理解今天中国特色社会主义发展道路题中的应有之义，马克思恩格斯唯物史观视野中的劳动构成了劳模文化的重要理论来源。

四　中国共产党人的劳动思想是劳模文化的重要理论渊源

劳模文化是新时代中国的伟大精神、伟大力量、伟大智慧和伟大创造。它根植于中华大地，流淌着中国血脉，传承了中国文化，充满着中国智慧，彰显着中国力量。劳模文化是伟大民族精神的生动体现，它深深扎根于中国这片广袤的土地，根植于优秀文化沃土，具有极其鲜明的中国特色，熔铸于党领导人民在革命、建设和改革中创造的革命文化和社会主义先进文化，来源于中国特色社会主义伟大实践。

劳模文化是在中国共产党的劳动思想领导下中国社会主义文化的集中体现。早在20世纪30年代，为发展生产，武装自己，在中国共产党的领导和组织下，部分苏区开展了热火朝天的生产运动，出现了生产竞赛的实践活动。在一些革命根据地公营工业企业内部，工人们自发开展"生产模范队""经济核算队"等活动，毛泽东评价"提高劳动热忱，发展生产竞赛，奖励生产战线上的成绩昭著者，是提高生产的重要方法”。[①] 在改革开放伟大实践中，劳模精神被赋予新的时代含义并得以发扬光大，形成了劳模精神、劳动精神和工匠精神，丰富了民族精神和时代精神的内涵，引领着社会风尚，影响和激励着广大劳动者勇立时代潮头，用劳动书写人生篇章，用知识、技术实现人生价值，用奋斗追求人生梦想。党的十八大以来，在以习近平同志为核心的党中央坚强领导下，党和国家事业发生了历史性变革、取得了历史性成就，中国特色社会主义进入了新时代。劳模精神充分体现了以爱国主义为核心的民族精神和以改革创新为核心的时代精神，是中国精神的生动体现。

我们党坚持以马克思列宁主义劳动思想为根本遵循，继承和发展了毛泽东、邓小平、江泽民、胡锦涛等马克思主义中国化的劳动思想，在习近平新时代中国特色社会主义思想的指导下，坚持解放思想、实事求是、与时俱进、求真务实，坚持辩证唯物主义和历史唯物主义，紧密结合新的时代条件和实践要求，以全新的视野深化对劳动规律、社会主义建设规律和人类社会发展规律的认识，进行艰辛的理论探索，形成了新时代中国特色社会主义劳动思想。

1. 毛泽东关于劳动的思想

毛泽东劳动思想是马克思主义劳动理论与中国实际相结合的产物，是以毛泽东为主要代表的中国共产党人集体智慧的结晶，是被实践证明了的关于中国教育与劳动结合发展的正确理论原则和经验总结，是具有中国特色的马克思主义劳动学说。

（1）教育与生产劳动相结合

教育与生产劳动相结合的思想贯穿了毛泽东思想的始终。新民主主义革命时期，他就对这一问题有过明确阐述。1934 年，毛泽东在论述苏维埃文化教育的总方针时说：“苏维埃文化教育的总方针在于以共产主义精神来教育广大的劳苦民众，在于使文化教育为革命战争与阶级斗争服务，在于使教育与生产劳动联系起来。”[②] 理论上讲，马克思主义所倡导的教劳结合

---

① 王瑞生：《建设中国特色社会主义的伟大力量》，《中国工人》2018 年第 5 期。

② 《毛泽东同志论教育工作》，人民教育出版社，1992。

既是一个教育学的范畴，又是一个政治经济学和科学社会主义的范畴，具有政治目的、经济目的和教育目的。马克思主义提出的教劳结合原理，是基于机器大工业生产以及剥削制度的存在和不合理的社会分工的时代背景之上的，因此，马克思主义提倡的教育与生产劳动相结合既是“造就全面发展的人的唯一方法”[①]，又是“提高社会生产的一种方法”[②]，也将最终成为消灭脑力劳动与体力劳动差别的重要手段。毛泽东清楚地看到了这一点，他把教劳结合的政治目的、经济目的和教育目的三者有机地结合了起来。早在抗日战争年代，他就赋予“教劳结合”直接的政治目的和经济目的。面对敌人的经济封锁，他要求解放区学校开展大生产运动，把教劳结合变成引导干部和群众打成一片，引导知识分子走同工农群众结合的道路，改善生活条件和实现生产自给，以减轻人民的负担进而克服敌人封锁所造成的困难。

中华人民共和国成立后，毛泽东认为教育与生产劳动、社会实践相结合，理论联系实际，是培养社会主义新人的必然选择和有效途径。1957 年 3 月 12 日，他在中国共产党全国宣传工作会议上说：“许多东西单从书本上是学不成的，要向生产者学习，向工人学习，向农民学习。”他又说：“教育必须为无产阶级政治服务，必须同生产劳动相结合，劳动人民要知识化，知识分子要劳动化，彻底打破教育与生产劳动相互分离的局面。”[③]1958 年，毛泽东要求各级各类学校举办工厂或农场，并特别要求中等技术学校和技工学校进行生产并做到“自给或者半自给”，学生要“半工半读”。同时，他多次强调教劳结合对于促进知识分子劳动化、知识分子走与工农相结合的道路的重要作用。今天看来，毛泽东的教劳结合思想一度更多地强调了教育同体力劳动相结合，甚至把体力劳动作为改造知识分子思想的重要手段之一，这与马克思主义教劳结合原理是不完全一致的。同时，毛泽东比较重视学校办工厂、农场，重视师生参加生产劳动，重视体力劳动和生产实践，而相对忽视了教育和科技对提高生产劳动水平的作用。在社会主义

① 《马克思恩格斯选集》第 2 卷，人民出版社，2012，第 230 页。
② 《马克思恩格斯选集》第 2 卷，人民出版社，2012，第 230 页。
③ 《毛泽东论教育革命》，人民教育出版社，1967，第 5 页。

建设初期，他大力提倡各级各类学校兴办工厂、农场，大搞生产劳动，参加生产建设，而对学校的教育教学则持批评甚至否定态度。实践证明，这对于学生的全面发展和教育质量的全面提高是不利的。特别是在极“左”思潮的影响下，师生参加劳动过多，甚至导致了以劳代教，把生产劳动和学习对立起来，把脑力劳动和体力劳动对立起来，把知识分子和工人、农民对立起来的现象，使党和国家的教育事业遭到了严重破坏。

（2）干部要参加集体生产劳动

干部是普通劳动者，干部要参加集体生产劳动。毛泽东认为干部是普通劳动者，一定要打掉官气。“我们党和国家的干部是普通劳动者，而不是骑在人民头上的老爷”[①]。不管个人的职位高还是低都必须这样。毛泽东一生对官僚主义深恶痛绝，他十分鄙视那些染有官气的干部，强烈主张干部要打掉官气，扫掉官气。他认为：“官气是一种低级趣味，摆架子、摆资格、不平等待人、看不起人，这是最低级的趣味。”[②] 对干部队伍的作风状况，他一直保持着高度警惕性，多次特别提醒干部要以普通劳动者的姿态出现。他讲：“这个问题所以要特别提出来，是因为我们有些干部是老子天下第一，看不起人，靠资格吃饭，做了官，特别是做了大官，就不愿意以普通劳动者的姿态出现。这是一种很恶劣的现象。”“我们的同志应当注意，不要靠官，不要靠职位高，不要靠老资格吃饭。”“要靠解决问题正确吃饭”。他认为，当干部，首要的一条，就是要放下架子，打破个人英雄主义，忘记自己是什么“长”，要多到群众中去学习；干部要以普通劳动者的姿态在人民中出现，这才体现了高尚的共产主义精神。“干部通过参加集体生产劳动，同劳动人民保持最广泛的、经常的、密切的联系。这是社会主义制度下一件带根本性的大事”“这样一来，党和群众就打成一片了，主观主义，官僚主义，老爷作风，就可以大为减少，面目一新”。

（3）社会主义的经济建设要提高劳动生产率

毛泽东强调社会主义的经济建设要提高劳动生产率。“任何社会主义的经济事业，必须注意尽可能充分地利用人力和设备，尽可能改善劳动组织、

① 《建国以来重要文献选编》第19册，中央文献出版社，1998，第68页。
② 《毛泽东文集》第7卷，人民出版社，1999，第378页。

改善经营管理和提高劳动生产率，节约一切可能节约的人力和物力，实行劳动竞赛和经济核算，借以逐年降低成本，增加个人收入和增加积累。”[①]毛泽东认为：“苏联的工农业劳动生产率，现在还没有超过美国，我们则差得更远。人口虽多，但是劳动生产率远远比不上人家，还要继续紧张地努力若干年，分几个阶段，把我们的国家搞强大起来，使我们的人民进步起来。”[②] 他认为：“提高劳动生产率，一靠物质技术，二靠文化教育，三靠政治思想工作。后两者都是精神作用。”[③] 他总结了国外现代化的成功经验：“资本主义各国，苏联，都是靠采用最先进的技术，来赶上最先进的国家，我国也要这样。”[④] 毛泽东提倡改善劳动者的劳动条件和生活条件。“拿工人讲，工人的劳动生产率提高了，他们的劳动条件和集体福利就需要逐步有所改进。我们历来提倡艰苦奋斗，反对把个人物质利益看得高于一切，同时我们也历来提倡关心群众生活，反对不关心群众痛痒的官僚主义。随着整个国民经济的发展，工资也需要适当调整”。[⑤]

2. 邓小平关于劳动的思想

邓小平理论的根本出发点和落脚点在于强国富民。20 世纪 80 年代开始全面推行的改革开放无不是以强国富民为中心，而强国富民的根本途径首先就在于调动全国各阶层劳动者的积极性，提高劳动效率。发展生产力是邓小平理论的核心。深刻领会邓小平的劳动思想有助于全面理解和掌握邓小平理论的核心和实质，推动我国的改革开放向纵深处拓展。

（1）教育与劳动结合的思想

邓小平分析了生产力中的几个要素，指出：“人是生产力中最活跃的因素。这里讲的人，是指有一定的科学知识、生产经验和劳动技能来使用生产工具、实现物质资料生产的人”[⑥]。当人还未具备这一切时，他只是一种可能的生产力。而教育的作用就是把科学知识与人结合起来，从而把可能

---

① 《建国以来重要文献选编》第 7 册，中央文献出版社，1993，第 234 页。
② 《毛泽东文集》第 8 卷，人民出版社，1999，第 124 页。
③ 《毛泽东文集》第 8 卷，人民出版社，1999，第 124 ~ 125 页。
④ 《毛泽东文集》第 8 卷，人民出版社，1999，第 126 页。
⑤ 《毛泽东文集》第 7 卷，人民出版社，1999，第 28 页。
⑥ 《邓小平文选》第 2 卷，人民出版社，1994，第 88 页。

的生产力转化为现实的生产力。1977 年 5 月，邓小平同志同中央有关同志谈话时指出："不论脑力劳动，体力劳动，都是劳动。从事脑力劳动的人也是劳动者。将来，脑力劳动和体力劳动分不开来……要重视知识，重视从事脑力劳动的人，要承认这些人是劳动者。"[①] 邓小平同志的这个观点，纠正了以往那种认为只有体力劳动才是劳动而否认脑力劳动也是劳动的错误认识。邓小平于 1978 年在全国教育工作会议上再次强调指出："为了培养社会主义建设需要的合格的人才，我们必须认真研究在新的条件下，如何更好地贯彻教育与生产劳动相结合的方针。"[②] "我们要掌握和发展现代科学文化知识和各行各业的新技术新工艺，要创造比资本主义更高的劳动生产率，把我国建设成为现代化的社会主义强国，并且在上层建筑领域最终战胜资产阶级的影响，就必须培养具有高度科学文化水平的劳动者，必须造就宏大的又红又专的工人阶级知识分子队伍。"[③]

"四个现代化，关键是科学技术的现代化。没有现代科学技术，就不可能建设现代农业、现代工业、现代国防。没有科学技术的高速度发展，也就不可能有国民经济的高速度发展。"[④] 而科技人才的培养，基础在教育。这些要求体现了邓小平"尊重知识、尊重人才"的思想，也体现了他对现代化建设的深层思考。我国需要能将体力劳动与脑力劳动结合起来的人。如邓小平所说："社会主义建设需要有文化的劳动者，所有劳动者也都需要文化。"[⑤] 这就必须坚持把教育与生产劳动结合起来。他指出："我们希望全国的青年学生努力学习，积极准备参加建设祖国的生产劳动，首先是体力劳动。从事脑力劳动的青年，也应该经过一段时间的体力劳动，这对于他们的德育、智育、体育的全面发展是必要的。"[⑥] 同时，邓小平还要求全国人民，尤其是青少年要成为"有理想、有道德、有文化、有纪律"的一代新人。"这也就是把毛泽东同志提出的培养德智体全面发展、有社会主义觉

---

① 《邓小平文选》第 2 卷，人民出版社，1994，第 41 页。
② 《邓小平文选》第 2 卷，人民出版社，1994，第 107 页。
③ 《邓小平文选》第 2 卷，人民出版社，1994，第 104 页。
④ 《邓小平文选》第 2 卷，人民出版社，1994，第 86 页。
⑤ 《邓小平文选》第 1 卷，人民出版社，1994，第 280 页。
⑥ 《邓小平文选》第 1 卷，人民出版社，1994，第 277 页。

悟的有文化的劳动者的方针贯彻到底，贯彻到整个社会的各个方面”。[1]

邓小平认为，教育与生产劳动相结合“更重要的是整个教育事业必须同国民经济发展的要求相适应”，“使教育事业的计划成为国民经济计划的一个重要组成部分”，“制订教育规划应该与国家的劳动计划结合起来，切实考虑劳动就业发展的需要”。这三个论点深刻揭示了教育与生产劳动相结合的实质是处理教育与经济发展的关系问题。邓小平同志多次强调，在经济发展中必须高度重视智力因素、人才培养和教育发展。现代经济越来越依赖于教育的发展趋势，必然导致经济与教育发展的一体化。在经济发展中必须把教育放在优先发展的战略地位，教育要适应经济发展的要求并且要适应经济对教育超前的要求，经济与教育的发展必须形成良性循环。

（2）发展生产力是邓小平劳动理论的核心

“社会主义阶段的最根本任务就是发展生产力，社会主义的优越性归根到底要体现在它的生产力比资本主义发展得更快一些、更高一些，并且在发展生产力的基础上不断改善人民的物质文化生活。”[2]“所有的改革都是为了一个目的，就是扫除发展社会生产力的障碍。”[3]“搞社会主义，一定要使生产力发达，贫穷不是社会主义。我们坚持社会主义，要建设对资本主义具有优越性的社会主义，首先必须摆脱贫穷。”[4]“走社会主义道路，就是要逐步实现共同富裕”。[5]邓小平认为，要提高劳动效率首先要打破平均主义，贯彻按劳分配原则。“如果不管贡献大小、技术高低、能力强弱、劳动轻重，工资都是四五十块钱，表面上看来似乎大家是平等的，但实际上是不符合按劳分配原则的，这怎么能调动人们的积极性？”[6]“不讲多劳多得，不重视物质利益，对少数先进分子可以，对广大群众不行，一段时间可以，长期不行。”[7]为了贯彻按劳分配的原则，以农村为突破口，推广联产承包责任制，实行缴够国家的、留够集体的、剩下的都是自己的原则，把劳动

---

① 《邓小平文选》第2卷，人民出版社，1994，第106～107页。

② 《邓小平文选》第3卷，人民出版社，1993，第63页。

③ 《邓小平文选》第3卷，人民出版社，1993，第134页。

④ 《邓小平文选》第3卷，人民出版社，1993，第225页。

⑤ 《邓小平文选》第3卷，人民出版社，1993，第373页。

⑥ 《邓小平文选》第2卷，人民出版社，1994，第30～31页。

⑦ 《邓小平文选》第2卷，人民出版社，1994，第146页。

成果与收入分配直接联系起来，极大地调动了农民生产经营的积极性，农民劳动效率迅速提高，农业生产因此连年获得丰收。针对政府机构存在的工作低效率，“机构臃肿，人浮于事，办事拖拉，不讲效率，不负责任”。[①]要提高行政人员的工作效率必须改革政治体制，政治体制改革的目的是调动群众的积极性，提高效率，克服官僚主义。邓小平将政治体制改革的目标归结为三个：“第一个目标是始终保持党和国家的活力”；“第二个目标是克服官僚主义，提高工作效率”；“第三个目标是调动基层和工人、农民、知识分子的积极性”。[②]

3. 江泽民关于劳动的思想

江泽民在实现社会主义现代化、全面建设小康社会的新时期，对“教育与生产劳动相结合”的思想又有了新的认识。他站在时代的高度，继承并进一步发展了教育与生产劳动相结合的思想，将新时期的教育与生产劳动相结合明确为教育与实践结合，强调理论联系实际，学以致用，培养全面发展的人才。

（1）教育与社会实践结合

在1999年6月召开的全国教育工作会议上，江泽民特别强调了教育与社会实践相结合的问题。他说：“事实已经充分说明，象牙塔式的教育，不能适应当今时代的需要。教育与经济、科技、社会实践越来越紧密的结合，正在成为推动科技进步和经济社会发展的重要力量。”[③]“如果只是让学生关起门来读书，不参加劳动，不接触社会实践，不了解工人、农民是怎样辛勤创造社会财富的，不培养劳动人民感情，是不利于他们健康成长和全面发展的。”[④]因此，江泽民说：“学生适当参加一些物质生产劳动，应该成为一门必修课，不是可有可无。”[⑤]“教育与生产劳动和社会实践相结合”，较之于“教育与生产劳动相结合”，一方面拓宽了对培养人才途径的认识，认识到生产劳动是人类最基本的但不是唯一的实践活动，我们培养人不能仅

① 《邓小平文选》第2卷，人民出版社，1994，第327页。

② 《邓小平文选》第3卷，人民出版社，1993，第179～180页。

③ 《江泽民文选》第2卷，人民出版社，2006，第335页。

④ 《江泽民文选》第1卷，人民出版社，2006，第372页。

⑤ 《江泽民文选》第1卷，人民出版社，2006，第372～373页。

仅局限于教育同生产劳动结合，更要坚持教育同整个社会实践结合；另一方面拓宽了对教育功能的认识。江泽民说："教育应与经济社会发展紧密结合，为现代化建设提供各类人才支持和知识贡献。这是面向二十一世纪教育改革和发展的方向。"[①]

（2）全心全意依靠工人阶级

2001 年"五一"国际劳动节来临之际，时任中共中央总书记、国家主席、中央军委主席的江泽民同志出席会议并发表重要讲话。他希望我国工人阶级和广大劳动群众，高举马克思列宁主义、毛泽东思想、邓小平理论伟大旗帜，紧密团结在党中央的周围，肩负起伟大的历史使命，振奋精神，开拓进取，在新世纪的征程上创造出更加辉煌的业绩。[②] 他说，"九五"期间，在党的领导下，全国各族人民同心同德，开拓奋进，胜利实现了现代化建设第二步战略目标，为实现第三步发展战略目标奠定了良好基础。我国工人阶级和广大劳动群众以自己的巨大贡献，充分展示了改革开放和社会主义现代化建设的主力军作用。工人阶级和广大劳动群众中涌现出来的先进模范人物，为全社会树立了光辉的榜样。全国人民都要学习他们胸怀全局、目标远大、爱岗敬业、艰苦奋斗、刻苦学习、勇于创新、严于律己、弘扬正气的先进思想和优良作风。

江泽民强调，全心全意依靠工人阶级，是我们党和国家的政治优势，也是我们从胜利走向胜利的重要保证。我们正在进行的社会主义改革开放和现代化建设，是实现国家强盛、人民富裕的必由之路。我们的工人阶级要始终以主人翁精神和饱满的热情投身到这一伟大实践中去。希望大家积极支持党和国家为发展社会主义市场经济而采取的各项政策措施，正确对待改革过程中的利益关系调整；希望大家立足本职，学赶先进，积极参加各种形式的群众性经济技术活动，充分发挥自己的聪明才智；希望大家增强政治意识、责任意识、大局意识，坚决同一切危害祖国和人民利益的行为和现象作斗争，自觉维护安定团结的社会政治局面；希望大家大力弘扬解放思想、实事求是的精神，紧跟时代、勇于创新的精神，知难而进、一

① 《江泽民文选》第 2 卷，人民出版社，2006，第 123 页。

② 《江泽民文选》第 3 卷，人民出版社，2006，第 246 页。

往无前的精神，艰苦奋斗、务求实效的精神，淡泊名利、无私奉献的精神，不断提高自己的思想道德素质和科学文化技术素质，努力成为有理想、有道德、有文化、有纪律的劳动者。[①] 江泽民指出："保障工人阶级和广大劳动群众的经济、政治和文化权益，是党和国家一切工作的根本基点，也是发挥工人阶级和广大劳动群众积极性、创造性的根本途径。各级领导机关和领导干部，都要从坚持党的全心全意为人民服务宗旨、巩固党的执政地位、维护国家长治久安的高度，坚持贯彻全心全意依靠工人阶级的方针，切实加强同广大职工群众的联系，关心他们的疾苦，倾听他们的呼声，实实在在地为他们说话办事，尤其要千方百计地为遇到困难的职工排忧解难，努力把工人阶级和广大劳动群众的物质文化利益实现好、维护好、发展好，把他们的积极性和创造性引导好、保护好、发挥好。"[②]

（3）保证工人阶级和广大劳动群众的权利

江泽民指出，各级领导机关和领导干部必须懂得，保证工人阶级和广大劳动群众行使管理国家、管理经济和社会事务的权利，是社会主义民主的根本要求。首先必须保证他们在基层的经济、政治、文化和其他社会事务中当好家作好主，这是实现工人阶级和广大劳动群众在整个国家的经济、政治、文化和社会生活中当家作主的基础。要坚持发挥职工代表大会的作用，建立和完善平等协商、集体合同制度，进一步完善村民自治制度，进一步加强社区的民主建设，通过政务公开、厂务公开、村务公开等多种形式，不断扩大基层民主，确保广大职工和劳动群众依法进行民主选举、民主决策、民主管理和民主监督。工会是党领导的工人阶级群众组织，是党联系职工群众的桥梁和纽带，肩负着维护职工群众合法权益的基本职责。要切实维护职工群众的具体利益，真心诚意地为职工群众服务。各级党委和政府要高度重视工会组织的工作，为它们履行职能创造条件，通过它们把广大职工群众更加紧密地团结在党的周围，更好地完成党和政府提出的各项任务。

2001 年在庆祝中国共产党成立 80 周年大会上，江泽民提出："马克思

① 《江泽民文选》第 3 卷，人民出版社，2006，第 244～245 页。

② 《江泽民论中国特色社会主义（专题摘编）》，中央文献出版社，2002，第 161 页。

主义经典作家关于资本主义社会的劳动和劳动价值的理论，揭示了当时资本主义生产方式的运行特点和基本矛盾。现在，我们发展社会主义市场经济，与马克思主义创始人当时所面对和研究的情况有很大不同。我们应该结合新的实际，深化对社会主义社会劳动和劳动价值理论的研究和认识。”① 十六大报告指出：“包括知识分子在内的工人阶级，广大农民，始终是推动我国先进生产力发展和社会全面进步的根本力量。”② “对为祖国富强贡献力量的社会各阶层人们都要团结，对他们的创业精神都要鼓励，对他们的合法权益都要保护，对他们中的优秀分子都要表彰，努力形成全体人民各尽其能、各得其所而又和谐相处的局面。”③ 只有全体人民都用各自的劳动尽力为社会做贡献，社会主义市场经济才能繁荣昌盛并不断发展完善，社会主义现代化的目标才能顺利实现。

江泽民“坚持教育为社会主义事业服务，坚持教育与社会实践相结合”④ 的思想对培养新时期理论与实践相统一的全面发展的人才有着重要意义。坚持学习江泽民的这一思想，就能使学到的理论知识与投身社会实践相统一，进而实现自身价值与服务祖国人民的统一，从而避免了“书呆子”气，为应试教育向素质教育的根本转变提供了有力的指导。他在党的十六大报告中强调：“要尊重和保护一切有益于人民和社会的劳动。不论是体力劳动还是脑力劳动，不论是简单劳动还是复杂劳动，一切为我国社会主义现代化建设作出贡献的劳动，都是光荣的，都应该得到承认和尊重。”⑤ 海内外各类投资者在中国建设中的创业活动都应该受到鼓励，一切合法的劳动收入和非劳动收入都应该得到保护。贯彻“三个代表”重要思想，必须最广泛最充分地调动一切积极因素，不断为中华民族的伟大复兴增添新力量。要尊重和保护一切有益于人民和社会的劳动。不能简单地把有没有财产、有多少财产当作判断人们政治上先进和落后的标准，而主要应该看他们的思想政治状况和现实表现，要形成与社会主义初级阶段基本经济制度

---

① 《江泽民文选》第 3 卷，人民出版社，2006，第 286 ~ 287 页。

② 《改革开放三十年重要文献选编》下，人民出版社，2008，第 1247 页。

③ 《改革开放三十年重要文献选编》下，人民出版社，2008，第 1247 页。

④ 《十五大以来重要文献选编》下，人民出版社，2003，第 2555 页。

⑤ 《江泽民文选》第 3 卷，人民出版社，2006，第 540 页。

相适应的思想观念和创业机制，营造鼓励人们干事业、支持人们干成事业的社会氛围，放手让一切劳动、知识、技术、管理和资本的活力竞相迸发，让一切创造社会财富的源泉充分涌流，以造福于人民。随着改革开放的深入和经济文化的发展，我国工人阶级队伍不断壮大，素质不断提高。在社会变革中出现的民营科技企业的创业人员和技术人员、受聘于外资企业的管理技术人员、个体户、私营企业主、中介组织的从业人员、自由职业人员等社会阶层，都是中国特色社会主义事业的建设者。①

4. 胡锦涛关于劳动的思想

时任中共中央总书记、国家主席、中央军委主席胡锦涛同志在2005年、2010年全国劳动模范和先进工作者表彰大会上发表重要讲话，高度赞扬了具有时代意义的劳模精神及其所产生的强大感召力，高度评价了中国工人阶级和广大劳动群众在中国共产党的领导下，为中国革命和建设、为推动改革开放和社会主义现代化建设事业做出的突出贡献，为国家的繁荣富强所建立的伟大历史功勋。胡锦涛同志的讲话，强调劳动光荣、劳动者伟大，劳动孕育历史创造，强调全社会要保障广大劳动群众权益，实现体面劳动，为全面、正确、深刻地认识劳动及其所蕴含的全部意义提供了非常重要的方法论原则。

（1）劳动孕育历史创造

胡锦涛指出，自2000年全国劳动模范和先进工作者表彰大会召开5年来，我国经济社会全面发展，改革开放取得明显成果，人民生活水平进一步提高，社会主义经济建设、政治建设、文化建设与和谐社会建设取得新的巨大成就，全党全国各族人民正满怀信心地为全面建设小康社会、开创中国特色社会主义事业新局面而团结奋斗。这些成就的取得，是我国广大工人、农民、知识分子和其他各阶层劳动群众在党领导下同心同德、艰苦奋斗的结果。全国各族劳动人民意气风发地工作在各行各业各个岗位上，为改革开放和社会主义现代化建设不断向前发展做出了突出贡献。人民推动历史前进，劳动孕育历史创造。中华人民共和国成立50多年来，我国不同时期涌现出来的千千万万先进模范人物，为国家发展、民族振兴、人民

① 《改革开放三十年重要文献选编》下，人民出版社，2008，第1247～1248页。

幸福建立了卓越功勋。他们不仅创造了巨大的物质财富，而且创造了巨大的精神财富。一代又一代先进模范人物，以自己的实际行动铸就了爱岗敬业、争创一流、艰苦奋斗、勇于创新、淡泊名利、甘于奉献的伟大劳模精神，用自己的辛勤劳动谱写了如歌如泣的动人赞歌，充分展示了中华民族顽强拼搏、自强不息的崇高品格，充分体现了中国人民与时俱进、开拓创新的时代风貌。广大先进模范人物不愧为民族的精英、国家的栋梁、社会的中坚、人民的楷模。

我们要始终坚持全心全意依靠工人阶级的方针。实现全面建设小康社会的宏伟目标，不断开创中国特色社会主义事业新局面，是一项伟大而光荣的事业，也是一项要求我们付出巨大努力才能取得成功的事业，需要全国各族人民万众一心、团结奋斗。包括知识分子在内的我国工人阶级、广大农民以及其他各阶层劳动群众，始终是推动我国先进生产力发展和社会全面进步的根本力量，始终是不断发展最广大人民根本利益的坚定力量，始终是维护社会安定团结的可靠力量。全面建设小康社会，必须高度重视和充分发挥我国工人阶级和广大劳动群众的重要作用，进一步增强他们的责任感和使命感，保护和调动他们的积极性、主动性和创造性，发挥他们的聪明才智，把他们紧紧团结在党和政府周围，同心同德为党和人民事业而奋斗。

我们要大力弘扬伟大的劳模精神。榜样的力量是无穷的。劳模精神是我们伟大民族精神的重要体现，是激励我们奋勇前进的重要精神动力。要在全社会广泛宣传劳动模范和先进工作者的先进事迹、优秀品质和高尚精神，给他们以应有的光荣和地位，推动全社会进一步尊重劳模、关心劳模、学习劳模，使劳模精神不断发扬光大。全党同志和全国人民都要以劳动模范和先进工作者为榜样，学习他们忠于党和人民的伟大情怀，学习他们坚信中国特色社会主义事业必胜的坚定信念，学习他们脚踏实地、埋头苦干的优良作风，坚定信心、振奋精神、立足本职、扎实工作，信心百倍地投身全面建设小康社会的伟大事业。广大劳动模范和先进工作者要珍惜荣誉、谦虚谨慎、发扬成绩、再接再厉，为党和人民再立新功。

我们要全面贯彻尊重劳动、尊重知识、尊重人才、尊重创造的方针。劳动创造了世界，劳动是人类文明进步发展的源泉。在我们社会主义国家中，尤其要使热爱劳动、勤奋劳动、尊重劳动、保护劳动蔚然成风。要尊重和保护一切有益于人民和社会的劳动，尊重和保护一切为我国社会主义现代化建设做出贡献的劳动，努力形成劳动光荣、知识崇高、人才宝贵、创造伟大的时代新风，不断增强全社会的创造活力。同时，要大力开展理论学习、文化教育、技能培训和职业道德建设，促使广大劳动群众不断提高思想道德素质和科学文化素质，提高劳动能力和劳动水平，真正成为有理想、有道德、有文化、有纪律的社会主义劳动者。

2010 年，胡锦涛在全国劳动模范和先进工作者表彰大会上指出，我国工人阶级是我国先进生产力和生产关系的代表，是我们党最坚实最可靠的阶级基础，是社会主义中国当之无愧的领导阶级，是全面建成小康社会、坚持和发展中国特色社会主义的主力军。长期以来，在中国共产党领导下，我国工人阶级和广大劳动群众始终站在时代前列，积极投身革命、建设和改革的洪流，艰苦奋斗，锐意进取，为国家、为民族建立了伟大历史功勋。中华人民共和国成立 60 多年来特别是改革开放 30 多年来我国经济社会发展的伟大实践和辉煌成就，充分显示了我国工人阶级和广大劳动群众的聪明才智和创造活力。2005 年全国劳动模范和先进工作者表彰大会以来，我们高举中国特色社会主义伟大旗帜，以邓小平理论和“三个代表”重要思想为指导，深入贯彻落实科学发展观，成功举办北京奥运会、残奥会，隆重庆祝党的十一届三中全会召开 30 周年、中华人民共和国成立 60 周年，圆满完成载人航天飞行和首次月球探测工程，奋力抗击四川汶川特大地震和青海玉树强烈地震等重大自然灾害和迅速开展灾后恢复重建，有力应对国际金融危机冲击、保持经济平稳较快发展，精心筹办上海世博会，着力加强民族团结、维护社会和谐稳定，全面推进社会主义经济建设、政治建设、文化建设、社会建设以及生态文明建设和党的建设，书写了改革开放和社会主义现代化建设恢宏壮丽的时代篇章。这些成就的取得，是全国各族人民在中国共产党领导下同心同德、奋力拼搏的结果，是我国工人阶级和广大劳动群众团结一心、辛勤劳动的结果。

（2）切实保障劳动人民的权益

胡锦涛指出，我们要切实实现好、维护好、发展好广大劳动人民的经济、政治、文化权益。要进一步扩大社会主义民主，健全社会主义法制，切实保障广大劳动人民的民主权利，保证他们依法行使当家作主的权力。

要在经济发展的基础上，不断提高广大劳动人民的生活水平和质量，使他们都能享受到改革发展的成果。要进一步建立健全劳动关系协调机制，完善劳动保护机制，切实维护和实现劳动关系的和谐与稳定，依法保障各方面劳动群众的权益。要通过建立健全社会保障体系，完善利益协调机制，切实保障困难群众的基本生活，让他们感受到社会主义大家庭的温暖。同时，要积极教育和引导群众识大体、顾大局，正确认识和对待改革发展过程中利益关系和利益格局的调整，正确处理个人利益和集体利益、局部利益和全局利益、眼前利益和长远利益的关系，坚定不移地拥护党和政府推进改革发展的各项方针政策，自觉维护安定团结的政治局面。

紧紧依靠和切实关心广大劳动人民，是我们坚持党全心全意为人民服务的根本宗旨和贯彻党的群众路线最重要、最根本的体现。各级党委和政府在各项工作中都要依靠劳动群众、深入劳动群众、关心劳动群众，把各方面劳动群众更加紧密地团结起来，形成推动党和人民事业不断发展的伟大力量。各级领导干部都要增强对劳动群众的感情，始终与劳动群众心连心，坚持倾听他们呼声、反映他们意愿、关心他们疾苦，为他们诚心诚意办实事，尽心竭力解难事，坚持不懈做好事。特别要深入到群众困难多的地方去，为群众排忧解难，依靠群众化解矛盾，组织群众共同克服困难，努力打开推动经济社会发展、改善生产生活条件的生动局面。各级党委和政府都要切实关心劳动模范和先进工作者的工作、学习、生活和健康，认真听取他们的意见和建议，为他们提供实实在在的帮助和支持。各级工会组织要继承和发扬光荣传统，全面履行各项职能，诚心诚意为广大职工群众服务，充分发挥协调劳动关系、维护职工合法权益的重要作用，不断开创工会工作新局面。

胡锦涛指出，要进一步激发创造活力，为推动经济又好又快发展积极贡献力量。发展是解决中国一切问题的“总钥匙”。推动经济又好又快发展对全面建设小康社会、加快推进社会主义现代化，对开创中国特色社会主义事业新局面、实现中华民族伟大复兴，具有决定性意义。我们一定要坚定不移坚持发展是硬道理的战略思想，深入贯彻落实科学发展观，牢牢扭住经济建设这个中心，紧紧把握全面建设小康社会、坚持和发展中国特色社会主义这个当代中国工人运动的主题，坚持聚精会神搞建设、一心一意谋发展，同时一定要加快经济发展方式转变和经济结构调整，不断提高发展质量和效益，努力实现以人为本、全面协调可持续的科学发展。加快经济发展方式转变是我国经济领域的一场深刻变革，关系改革开放和社会主义现代化建设全局。我国工人阶级和广大劳动群众是实现这场深刻变革的主力军，要积极为实现这项重大战略任务贡献力量。要全面贯彻落实尊重劳动、尊重知识、尊重人才、尊重创造的方针，充分发挥一切劳动者的首创精神，充分调动他们的积极性、主动性、创造性，最大限度地把他们的智慧和力量凝聚到推动科学发展上来。我国工人阶级和广大劳动群众要积极开展社会主义劳动竞赛，争当锐意改革创新的先锋，争当推动科学发展的楷模，把自己的创新潜能和创造活力充分发挥出来；要积极投身自主创新实践，围绕加快传统产业优化升级、推动战略性新兴产业发展，建设创新型国家，建设资源节约型、环境友好型社会等重大任务，深入开展技术革新和发明创造活动，立足本职岗位，丰富科技知识，提高劳动技能，争创一流业绩，把实现党和国家发展目标变成自己的自觉行动，为推动科学发展积极献计出力。

进一步保障劳动者权益，为促进社会和谐奠定坚实基础。实现好、维护好、发展好最广大人民的根本利益是我们一切工作的出发点和落脚点。保障工人阶级和广大劳动群众经济、政治、文化、社会权益是我国社会主义制度的根本要求，是党和国家的神圣职责，也是发挥我国工人阶级和广大劳动群众积极性、主动性、创造性最重要最基础的工作。我们一定要适应改革开放和发展社会主义市场经济的新形势，从政治、经济、社会、法律、行政等各方面采取有力措施，保障广大劳动群众权益，促进社会公平正义。要健全以职工代表大会为基本形式的企事业单位民主管理制度、厂务公开制度，组织职工依法实行民主选举、民主决策、民主管理、民主监督，使广大劳动群众知情权、参与权、表达权、监督权得到更充分更有效的保障。要切实实施积极的就业政策，创造更多就业岗位，促进充分就业，改善就业环境，提高就业质量，不断增加劳动者特别是一线劳动者劳动报酬。要切实完善社会保障体系，健全就业帮扶、生活救助、医疗互助、法律援助等帮扶制度，着重解决困难劳动群众生产生活问题，在经济发展的基础上不断提高广大劳动群众生活水平和质量，使他们不断享受到改革发展成果。要切实发展和谐劳动关系，建立健全劳动关系协调机制，完善劳动保护机制，让广大劳动群众实现体面劳动。要切实健全党和政府主导的维护群众权益机制，统筹协调各方面利益关系，想问题、作决策、定政策要充分考虑广大劳动群众利益和承受能力，认真解决广大劳动群众反映的热点难点问题。我国工人阶级和广大劳动群众要充分发扬识大体、顾大局的光荣传统，增强主人翁意识，坚决拥护党和政府关于改革发展的各项方针政策，正确认识和对待改革发展过程中利益关系和利益格局的调整，依法表达合理诉求，自觉维护社会和谐稳定。①

（3）进一步提高劳动者素质，为推动科学发展提供强有力的人力资源支持

劳动者素质对一个国家、一个民族的发展至关重要。当今世界的综合国力竞争，归根到底是劳动者素质的竞争。不断提高广大劳动群众的综合素质，是实现人的全面发展的必然要求，也是推动经济社会发展的重要保证。我们一定要深入实施科教兴国战略和人才强国战略，引导广大劳动者不断提高思想道德素质和科学文化素质、提高劳动能力和劳动水平，努力成为掌握新知识、新技能、新本领的知识型工人和一线创新人才，成为有理想、有道德、有文化、有纪律的社会主义劳动者，使科技进步和劳动者素质提高成为我国经济社会发展的重要推动力。要大力推进社会主义核心价值体系建设，引导我国工人阶级和广大劳动群众认真学习中国特色社会主义理论体系，坚定中国特色社会主义共同理想，弘扬以爱国主义为核心的民族精神和以改革创新为核心的时代精神，践行社会主义荣辱观，打牢为坚持和发展中国特色社会主义而共同奋斗的思想基础。要大力开展技能培训、转岗培训、创业能力培训，形成有利于劳动者学习成才的引导机制、培训机制、评价机制、激励机制。要大力开展多种形式的群众性精神文明创建活动，加强职业道德建设，积极发展丰富多彩、昂扬向上的企业文化、职工文化，不断满足广大劳动群众日益增长的精神文化需要。

紧紧依靠和切实关心广大劳动群众，是坚持党的全心全意为人民服务的根本宗旨和贯彻党的群众路线最重要最根本的体现。各级党委和政府要始终坚持全心全意依靠工人阶级的根本方针，把广大劳动群众紧紧团结在

---

① 《胡锦涛文选》第 3 卷，人民出版社，2016，第 369～370 页。

党和政府周围，充分发挥他们的主力军作用。各级领导干部要增强对劳动群众的感情，密切同劳动群众的联系，深入劳动群众、关心劳动群众，倾听他们的呼声，关心他们的疾苦，为他们排忧解难，始终与劳动群众心连心。

（4）加强同世界各国工人阶级和劳动群众的友好往来

胡锦涛指出，我们要一如既往地奉行独立自主、广泛联系的方针，在独立、平等、互相尊重、互不干涉内部事务原则的基础上，加强同世界各国工人阶级和劳动群众的友好往来，加强团结，加强沟通，相互学习，相互支持，努力为维护工人阶级和劳动群众的权益、促进人类社会发展进步做出应有的贡献。我们要始终高举和平、发展、合作的旗帜，加强同世界各国工人阶级和广大劳动群众的联系合作，扩大交往，增进友谊，为维护工人阶级和劳动群众权益，推动建设持久和平、共同繁荣的和谐世界做出应有的贡献。

劳动是人类文明进步的源泉，劳动创造世界。在我们社会主义国家，一定要在全社会大力培育和弘扬劳动光荣、知识崇高、人才宝贵、创造伟大的时代新风，让全体人民特别是广大青少年都懂得并践行劳动最光荣、劳动者最伟大的真理。全面建设小康社会、加快推进社会主义现代化的伟大事业为人们提供了广阔舞台。我国工人阶级和广大劳动群众要更加紧密地团结起来，在党的坚强领导下，万众一心，开拓进取，继续为祖国、为人民、为民族建功立业，为全面建设小康社会、实现中华民族的伟大复兴而不懈奋斗！

5. 习近平关于劳动的思想

习近平总书记系列重要讲话中包含着丰富的关于劳动思想的论述，这些论述是在我国改革开放以来综合国力提升的基础上作出的，是对新的工业革命条件下劳动者的主体性、劳动关系的和谐性以及技术创新与价值创造等时代问题的新思考，对于促进社会公平、实现经济发展、全面建成小康社会进而实现中华民族伟大复兴的中国梦具有重要理论和现实意义。①

---

① 朱春艳、高琴：《习近平劳动思想初探》，《长沙理工大学学报》（社会科学版）2016 年第 3 期。

（1）劳动光荣，“不能看不起普通劳动者”

民生在勤，勤则不匮——习近平曾用2000多年前《左传》中的古语阐释最朴实的道理。2013年4月28日，习近平在全国总工会机关同全国劳动模范代表座谈时强调，必须牢固树立劳动最光荣、劳动最崇高、劳动最伟大、劳动最美丽的观念，崇尚劳动，造福劳动者，让全体人民进一步焕发劳动热情、释放创造潜能，通过劳动创造更加美好的生活。

2015年4月28日，习近平在庆祝“五一”国际劳动节暨表彰全国劳动模范和先进工作者大会上再一次强调要尊重劳动、崇尚劳动，“我们所处的时代是催人奋进的伟大时代，我们进行的事业是前无古人的伟大事业，我们正在从事的中国特色社会主义事业是全体人民的共同事业。全面建成小康社会，进而建成富强民主文明和谐的社会主义现代化国家，根本上靠劳动、靠劳动者创造。因此，无论时代条件如何变化，我们始终都要崇尚劳动、尊重劳动者，始终重视发挥工人阶级和广大劳动群众的主力军作用”[①]。“全面建成小康社会，进而建成富强民主文明和谐的社会主义现代化国家，根本上靠劳动、靠劳动者创造。”[②] 在前进道路上，我们要始终弘扬劳模精神、劳动精神，为中国经济社会发展汇聚强大正能量。劳动是人类的本质活动，劳动光荣、创造伟大是对人类文明进步规律的重要诠释。中华民族是勤于劳动、善于创造的民族。正是因为劳动创造，我们拥有了历史的辉煌；也正是因为劳动创造，我们拥有了今天的成就。我们的根扎在劳动人民之中。在我们社会主义国家，一切劳动，无论是体力劳动还是脑力劳动，都值得尊重和鼓励；一切创造，无论是个人创造还是集体创造，也都值得尊重和鼓励。全社会都要贯彻尊重劳动、尊重知识、尊重人才、尊重创造的重大方针，全社会都要以辛勤劳动为荣、以好逸恶劳为耻，任何时候任何人都不能看不起普通劳动者，都不能贪图不劳而获的生活。

劳模精神是“伟大时代精神的生动体现”。2013年习近平在同全国劳动模范代表座谈时指出，各级领导干部要带头发扬劳模精神，出实策、鼓实

---

① 习近平：《在庆祝“五一”国际劳动节暨表彰全国劳动模范和先进工作者大会上的讲话》，人民出版社，2015，第2～3页。

② 习近平：《在庆祝“五一”国际劳动节暨表彰全国劳动模范和先进工作者大会上的讲话》，人民出版社，2015，第2页。

劲、办实事，不图虚名，不务虚功，坚决反对干部群众反映强烈的形式主义、官僚主义、享乐主义和奢靡之风“四风”，以身作则带领群众把各项工作落到实处。[①] 2015年4月28日，习近平在庆祝“五一”国际劳动节暨表彰全国劳动模范和先进工作者大会上强调，中国特色社会主义事业大厦是靠一砖一瓦砌成的，人民的幸福是靠一点一滴创造得来的。[②] 劳动模范和先进工作者是坚持中国道路、弘扬中国精神、凝聚中国力量的楷模，他们以高度的主人翁责任感、卓越的劳动创造、忘我的拼搏奉献，为全国各族人民树立了学习的榜样。“‘爱岗敬业、争创一流，艰苦奋斗、勇于创新，淡泊名利、甘于奉献’的劳模精神，生动诠释了社会主义核心价值观，是我们的宝贵精神财富和强大精神力量。今天受到表彰的全国劳动模范和先进工作者，就是我国亿万劳动人民的杰出代表。党和人民感谢你们！全社会都要向你们学习！”[③] “伟大的事业需要伟大的精神，伟大的精神来自于伟大的人民。我们一定要在全社会大力弘扬劳模精神、劳动精神，大力宣传劳动模范和其他典型的先进事迹，引导广大人民群众树立辛勤劳动、诚实劳动、创造性劳动的理念，让劳动光荣、创造伟大成为铿锵的时代强音，让劳动最光荣、劳动最崇高、劳动最伟大、劳动最美丽蔚然成风。要教育孩子们从小热爱劳动、热爱创造，通过劳动和创造播种希望、收获果实，也通过劳动和创造磨炼意志、提高自己。”[④]

（2）尊重劳动者：改善就业环境，增加劳动报酬

“我们要始终坚持人民主体地位，充分调动工人阶级和广大劳动群众的积极性、主动性、创造性。”[⑤] 2015年4月28日，习近平在庆祝“五一”国际劳动节暨表彰全国劳动模范和先进工作者大会上指出：“人民是历史的

① 《习近平谈治国理论》，外文出版社，2014，第48页。

② 习近平：《在庆祝“五一”国际劳动节暨表彰全国劳动模范和先进工作者大会上的讲话》，人民出版社，2015，第4页。

③ 习近平：《在庆祝“五一”国际劳动节暨表彰全国劳动模范和先进工作者大会上的讲话》，人民出版社，2015，第4页。

④ 习近平：《在庆祝“五一”国际劳动节暨表彰全国劳动模范和先进工作者大会上的讲话》，人民出版社，2015，第4~5页。

⑤ 习近平：《在庆祝“五一”国际劳动节暨表彰全国劳动模范和先进工作者大会上的讲话》，人民出版社，2015，第5~6页。

创造者，是推动我国经济社会发展的基本力量和基本依靠。推进‘四个全面’战略布局，必须充分调动广大人民群众的积极性、主动性、创造性。”① “我们一定要发展社会主义民主，切实保障和不断发展工人阶级和广大劳动群众的民主权利。要坚持党的领导、人民当家作主、依法治国有机统一，坚持工人阶级的国家领导阶级地位，加快推进社会主义民主政治制度化、规范化、程序化，坚持和完善人民代表大会制度，推进协商民主广泛多层制度化发展，促进人民依法、有序、广泛参与管理国家事务和社会事务、管理经济和文化事业。要推进基层民主建设，健全以职工代表大会为基本形式的企事业单位民主管理制度，更加有效地落实职工群众的知情权、参与权、表达权、监督权。要尊重人民首创精神，甘当人民群众小学生，把蕴藏于工人阶级和广大劳动群众中的无穷创造活力焕发出来，把工人阶级和广大劳动群众智慧和力量凝聚到推动各项事业上来。”②

始终实现好、维护好、发展好最广大人民根本利益，让改革发展成果更多更公平惠及人民。人民对美好生活的向往，就是我们的奋斗目标。全心全意为工人阶级和广大劳动群众谋利益，是我国社会主义制度的根本要求，是党和国家的神圣职责，也是发挥我国工人阶级和广大劳动群众主力军作用最重要最基础的工作。

国家建设是全体人民共同的事业，国家发展过程也是全体人民共享成果的过程。我们一定要适应改革开放和发展社会主义市场经济的新形势，从政治、经济、社会、文化、法律、行政等各方面采取有力措施，促进社会公平正义，实现好、维护好、发展好最广大人民根本利益，特别是要实现好、维护好、发展好广大普通劳动者根本利益。

实施积极的就业政策，创造更多就业岗位，改善就业环境，提高就业质量，不断增加劳动者特别是一线劳动者劳动报酬。要建立健全党和政府主导的维护群众权益机制，抓住劳动就业、技能培训、收入分配、社会保障、安全卫生等问题，关注一线职工、农民工、困难职工等群体，完善制

---

① 习近平：《在庆祝“五一”国际劳动节暨表彰全国劳动模范和先进工作者大会上的讲话》，人民出版社，2015，第6页。

② 习近平：《在庆祝“五一”国际劳动节暨表彰全国劳动模范和先进工作者大会上的讲话》，人民出版社，2015，第6页。

度，排除阻碍劳动者参与发展、分享发展成果的障碍，努力让劳动者实现体面劳动、全面发展。要面对面、心贴心、实打实做好群众工作，把人民群众安危冷暖放在心上，雪中送炭，纾难解困，扎扎实实解决好群众最关心最直接最现实的利益问题、最困难最忧虑最急迫的实际问题。

劳动关系是最基本的社会关系之一。要最大限度增加和谐因素、最大限度减少不和谐因素，构建和发展和谐劳动关系，促进社会和谐。要依法保障职工基本权益，健全劳动关系协调机制，及时正确处理劳动关系矛盾纠纷。我国工人阶级和广大劳动群众要发扬识大体、顾大局的光荣传统，正确认识和对待改革发展过程中利益关系和利益格局的调整，正确处理个人利益和集体利益、局部利益和全局利益、眼前利益和长远利益的关系，树立法治观念，增强法律意识，自觉维护社会和谐稳定。

（3）高度重视提高劳动者素质：培养宏大的高素质劳动者大军

劳动者素质对一个国家、一个民族发展至关重要。劳动者的知识和才能积累越多，创造能力就越大。提高包括广大劳动者在内的全民族文明素质，是民族发展的长远大计。面对日趋激烈的国际竞争，一个国家发展能否抢占先机、赢得主动，越来越取决于国民素质特别是广大劳动者素质。要实施职工素质建设工程，推动建设宏大的知识型、技术型、创新型劳动者大军。

深入实施科教兴国战略、人才强国战略、创新驱动发展战略，把提高职工队伍整体素质作为一项战略任务抓紧抓好，帮助职工学习新知识、掌握新技能、增长新本领，拓展广大职工和劳动者成长成才空间，引导广大职工和劳动者树立终身学习理念，不断提高思想道德素质和科学文化素质。要深入开展中国特色社会主义理想信念教育，培育和践行社会主义核心价值观，弘扬中华优秀传统文化，开展以职业道德为重点的“四德”教育，深化“中国梦·劳动美”教育实践活动，不断引导广大群众增强中国特色社会主义道路自信、理论自信、制度自信。要创新思想政治工作方式方法，加强人文关怀和心理疏导，打造健康文明、昂扬向上的职工文化，丰富职工精神文化生活，不断满足广大职工群众精神文化需求。

习近平强调：“各级党委和政府要切实尊重知识、尊重人才，充分信任知识分子，努力为广大知识分子工作学习生活创造更好条件。”① 对待知识分子“要多一些包容、多一些宽容，坚持不抓辫子、不扣帽子、不打棍子”②“聚天下英才而用之”，各级领导干部要善于同知识分子打交道，“做知识分子的挚友、诤友”。

第三节　东北老工业基地劳模文化本质的内涵阐释

一　劳模文化的内涵

劳模文化是人们改造自然和经济社会的过程中所产生的精神力量，它也是伴随我国经济发展而出现的一种精神文化。劳模文化的基本内涵是不变的，即劳模文化是指“在一定的社会大文化环境的影响下，通过劳动模范这个优秀集合体的长期实践与创新活动所形成的整体价值观念、信仰追求、道德规范、行为准则、创业精神、助人风尚、劳动品格的总和”。③ 但是劳模文化在我国经济社会发展的不同时期又具有不同的表现形态。例如：纵观我国劳模文化的发展历程，有学者认为，我国劳模文化的产生与发展大致经历了三个阶段。“它孕育成长在革命战争时期，发展壮大于新中国成立初期，与时俱进于改革开放和社会主义现代化建设新时期。”④ 从我国劳模文化发展的历程来分析，主要有三种类型的劳模。首先，革命战争时期的劳动模范属于革命型的劳动者，为革命战争提供了强大的物质资料支撑，为中华人民共和国的成立做出了巨大贡献。其次，在中华人民共和国成立初期，党和政府召开了许多全国性的大规模的先进生产者大会，高度表彰为社会主义建设做出巨大贡献的劳动模范，并注重发挥劳动模范的带头作

① 习近平：《在知识分子、劳动模范、青年代表座谈会上的讲话》，人民出版社，2016，第6页。

② 习近平：《在知识分子、劳动模范、青年代表座谈会上的讲话》，人民出版社，2016，第7页。

③ 陈勇：《劳模文化的社会效应及其价值趋向》，《中国劳动关系学院学报》2005年第3期。

④ 王永玺、张晓明：《简述中国劳模的历史发展》，《北京市工会干部学院学报》2010年第3期。

用。最后，进入改革开放新时期，脑力型劳动者在劳动模范中的比例逐渐增多，劳动模范由体力型劳动者向脑力型劳动者发展，知识性劳动者在经济社会发展中起着重要的推动作用。这种不同的表现形态也就是指传统劳模文化与现阶段的劳模文化的内涵、特点、地位以及影响力的不同。现阶段，新形态的劳模文化则伴随新兴产业的产生而出现。新的产业形态的出现必然需要一批新的企业家，企业家的创新精神则是新型劳模文化所体现的现阶段的劳模精神的一部分，企业家精神在大众创业、万众创新中发挥了模范引领作用。总的来说，劳模文化是一个完整的价值体系，包括劳模文化的经济价值、社会价值、伦理价值和品牌价值等方面，这也是劳模文化的基本内涵。

从本质上看，劳模文化是先进文化。劳模是先进生产力的杰出代表，是工人阶级的杰出代表，也是企业先进文化的杰出代表。从作用上看，劳模文化是典型标杆文化。每一名劳模都是一面旗帜、一个标杆、一个火车头。用典型带队伍是基本的工作方法，尤其是身边的榜样，看得见，摸得着，可敬、可信、可学、能学、能做。从社会效益、市场效益上看，劳模文化是品牌文化。劳模是企业明星、企业名人、企业形象的品牌、企业窗口的品牌。每一个劳模都是响当当的个人品牌，是金灿灿的荣誉勋章，是沉甸甸的价值奉献。从企业文化看，劳模文化是领军文化。企业劳模是继承企业文化的领军人物，是培育企业价值观念、行为准则和优良传统的典型代表，是弘扬特别能战斗企业精神的杰出代表，是推动企业文化不断丰富发展的排头兵。用一个劳模引燃整个群体，带动身边、周边广大职工创造更大的价值，这就是劳模文化的大众特色。

二 东北（辽宁）老工业基地劳模文化内涵的丰富

人类历史发展的实践证明，生产力的推动对文明的进步和社会的发展至关重要。同时，文化精神对人类总体力量的整合和对实践活动的指导也是不容忽视的。人类历史的发展如马克思所说，是人类大众这一历史主体在特定文化精神的引导下对自然的改造与对自身的改造的统一。任何一个民族，要完成历史性的伟大飞跃，都离不开一定的文化精神的支撑，这种文化精神在职业实践中的最高表现即是劳模精神。随着劳模评价标准的变化，全国劳动模范与先进工作者的评选范围也相应扩大了，他们虽然来自不同行业，却都为社会创造了价值，促进了国家经济发展，他们都具有符合时代特征的开拓进取意识和创新求实精神，这也是新时期劳动模范敬业精神的新内涵。劳模精神就是当前中国所需要的民族文化精神。它不仅仅是全心全意为人民服务、无私奉献的职业道德精神，还可升华为繁荣经济、振兴民族的时代精神。改革开放40周年来，我国已实现从传统农业文明向现代工业文明的转型，市场经济的发展日益成熟，老工业基地劳模文化内涵也不断丰富。

改革开放之前，我国处在大力恢复和发展国家经济的时期，因此评选出的劳模以工人为主，劳模精神主要是指较朴素的劳动品质。在社会主义改造时期和全面建设社会主义时期，热爱劳动和忠于职守是劳模评选最看重的指标。到了“文化大革命”时期，劳模评选活动骤减，但艰苦奋斗和忠于职守这些传统的个人品质仍然是劳模精神的重要构成。在改革开放之前，技术革新和钻研业务这两种品质在劳模精神内涵中所占比例较少。因此，在改革开放之前，全国劳动模范与先进工作者以在工作岗位上创造奇迹的生产能手为主。改革开放以来，劳动模范的类型从单一的道德榜样、政治榜样发展为多样化的职业，如科学家、企业家、艺术家、体育明星以及个体工商业者等诸多层次，劳模的内涵也随着时代的发展在不断地丰富和扩展。如从过去爱岗敬业、默默无闻的螺丝钉精神和鞠躬尽瘁、大公无私的责任意识到现代社会所提倡的以人为本、开放包容精神，从过去舍己为人、先人后己的奉献精神和坚韧勇敢、百折不挠的铁人精神到新时代所需要的改革创新、勇闯潮头精神。现在的劳模敬业精神不仅包含埋头苦干、无私奉献，也包含科技创新、为所在行业做出突出贡献等。随着科学技术的进步和生产力的发展，精益求精和改革创新在劳模评选中的比例越来越大，尤其是改革创新所占的地位越来越显著。由此可以看出，劳模精神的内涵随着社会变革和时代发展而不断丰富，这种精神不仅有利于全国劳动模范走进群众，而且能够引领群众在个人素养和职业追求中取得成就。

第四节　东北（辽宁）老工业基地劳模文化本质的精神意蕴

一　劳模文化的本质内核是劳模精神

东北（辽宁）老工业基地劳模文化的本质即是劳模精神。劳模之所以光荣而又伟大，不仅在于他们的劳动创造出了物质财富和精神财富，为促进经济社会发展和创造人民幸福生活做出了不平凡的贡献，更在于他们的思想行为、先进事迹中体现出了一种崇高精神即劳模精神，是一种永远保值的极为宝贵的精神财富。这种精神是劳模意识的最高形式，或者说是劳模意识的精华，是劳模世界观、人生观和价值观的集中体现，渗透在劳模追求的理想信念、确立的共同价值观、形成的共同思维方式和共同品格等方方面面。

在我国革命、建设、改革各个历史时期涌现出来的劳动模范人物的先进事迹、优秀品质，特别是在艰苦创业中孕育而成的伟大的劳模精神，教育激励着一代又一代人为社会主义现代化建设不懈奋斗，为国家发展、民族振兴和人民幸福建立了卓越功勋。在革命战争年代，被誉为“边区一面旗帜”的赵占魁、“兵工事业开拓者”的吴运铎等劳动模范的先进事迹和崇高品质，集中体现了以“新的劳动态度对待新的劳动”的社会主义劳动精神。中华人民共和国成立之初，毛泽东同志就代表党中央赞誉全国所有的战斗英雄和劳动模范，称赞他们是“全中华民族的模范人物，是推动各方面人民事业胜利前进的骨干，是人民政府的可靠支柱和人民政府联系广大群众的桥梁”①，号召全党和全国人民向他们学习。闻名全国的“孟泰精神”，树立了工人阶级强烈的主人翁责任感，体现了艰苦创业、勤俭节约的高尚情操。社会主义建设时期，铁人王进喜的模范事迹集中体现了中国工人阶级为国争光、为民族争气的爱国主义精神，独立自主、自力更生的艰苦创业精神，胸怀全局、为国分忧的奉献精神。

---

①《毛泽东文集》第6卷，人民出版社，1999，第95页。

进入改革开放的新时期，邓小平同志号召广大干部群众向模范人物学习，做“有理想、有道德、有文化、守纪律的共产主义新人”。改革开放以来，蒋筑英、徐虎、李素丽等模范人物先进事迹体现了解放思想、实事求是、紧跟时代、勇于创新、知难而进、一往无前、艰苦奋斗、务求实效、淡泊名利、无私奉献的为社会主义现代化事业不懈奋斗的时代精神。在全面推进中国特色社会主义伟大事业的进程中，江泽民同志指出：要在全社会始终倡导和保持学习先进、争当先进的良好风尚，让先进模范人物的崇高精神发扬光大、代代相传。21 世纪新阶段，胡锦涛同志多次赞扬伟大的劳模精神。他在 2004 年 4 月 30 日和江苏部分劳模代表交谈时说：劳动模范是工人阶级的优秀代表，你们以强烈的主人翁责任感，立足本职，忘我劳动，积极进取，争创一流，集中展现了当代中国工人阶级的时代风貌和崇高品格，不愧为民族的精英、国家的栋梁、社会的楷模。在 2005 年全国劳动模范和先进工作者表彰大会上的讲话中，他又强调：一代又一代先进模范人物，以自己的实际行动铸就了爱岗敬业、争创一流、艰苦奋斗、勇于创新、淡泊名利、甘于奉献的伟大劳模精神，用自己的辛勤劳动谱写了如歌如泣的动人赞歌，充分展示了中华民族顽强拼搏、自强不息的崇高品格，充分体现了中国人民与时俱进、开拓创新的时代风貌。总之，在中国革命、建设、改革的每一个历史阶段，都有千千万万劳模的礼赞。中国特色社会主义建设取得的每一项巨大成就，都凝聚了广大劳模卓越的劳动创造。

二　老工业基地劳模文化的精神本质

在党的十八大提出“两个一百年”的奋斗目标的重要战略机遇期，习近平总书记在“4·28”重要讲话中指出：“长期以来，广大劳模以平凡的劳动创造了不平凡的业绩，铸就了‘爱岗敬业、争创一流、艰苦奋斗、勇于创新、淡泊名利、甘于奉献’的劳模精神，丰富了民族精神和时代精神的内涵，是我们极为宝贵的精神财富。”[①] 这些重要论述，精辟地概括了劳模精神的科学内涵，深刻揭示了劳模精神的实质、特征及其时代价值。

总之，劳模精神是中国工人阶级伟大品格的发扬，也是中国精神不断

① 《习近平谈治国理政》，外文出版社，2014，第 46 页。

吸纳新能量的结晶。大力弘扬劳模精神，是对中华民族精神最好的继承和弘扬，也是对我们党一贯倡导的革命精神和社会主义建设时期的创业精神的继承与发扬。时刻不忘继承中国工人阶级的优良传统、传承劳模精神，是中国共产党总结革命、建设、改革开放实践，概括出来的一条十分宝贵的经验，也是党在新时期领导人民实现中国梦的征程中必须始终坚持的一条基本经验。当前，我国人民正奋进在全面建成小康社会的历史征程上，新时代新任务呼唤新的大批劳模的涌现，呼唤弘扬伟大的劳模精神，需要我们在全社会大力弘扬劳模精神，营造劳动光荣、知识崇高、人才宝贵、创造伟大的社会风尚。

1. 劳模精神是中国工人阶级和广大劳动群众的伟大品格的体现

中国工人阶级经历了民主主义革命时期、社会主义革命和社会主义建设时期、改革开放和向社会主义市场经济转型时期，走过了雇佣身份时代、政治身份时代，步入今天的多元身份时代。当前，中国正在为实现民族复兴的中国梦而奋斗，这一梦想的实现，当然离不开包括工人阶级在内的全国人民的共同意志和共同行动。工人阶级是实现“中国梦”的主力军。工人阶级是我国的领导阶级，是中国共产党最坚实、最可靠的阶级基础，是先进生产力和生产关系的代表。实现中国梦必须全心全意地依靠工人阶级力量，巩固工人阶级的领导地位，充分发挥工人阶级在国家建设中的主力军作用。劳动模范和先进工作者是工人阶级和广大劳动群众中的杰出代表，是民族的精英、人民的楷模。在中国共产党带领全国人民进行革命、建设、改革的各个历史时期，劳动模范始终是我国工人阶级中一个闪光的群体，对国家发展做出了重要贡献。2013 年 4 月 28 日，习近平总书记在同全国劳动模范代表座谈时明确指出：“坚持和发展中国特色社会主义，必须全心全意依靠工人阶级、巩固工人阶级的领导阶级地位，充分发挥工人阶级的主力军作用”①。2015 年 4 月 28 日，习近平总书记在表彰全国劳动模范和先进工作者大会上再次强调：“在当代中国，工人阶级和广大劳动群众始终是推动我国经济社会发展、维护社会安定团结的根本力量。那种无视我国工人阶级成长进步的观点，那种无视我国工人阶级主力军作用的观点，那种以

① 《习近平谈治国理政》，外文出版社，2014，第 45 页。

为科技进步条件下工人阶级越来越无足轻重的观点，都是错误的、有害的”[①]。这充分反映了党中央对工人阶级地位和作用的高度重视，深刻阐明了发展中国特色社会主义事业的依靠力量和我国工人阶级的历史使命。因此，劳模作为工人阶级的优秀代表，是时代发展大潮中涌现出来的改革者和建设者，是推动生产力发展的中坚力量。作为时代的精神符号和力量化身，劳模群体虽历经时代变迁，但他们中的绝大多数人依然保持了劳动人民的本色，成为贯彻执行党的路线方针、完成党的历史任务、推动社会发展进步的主力军，对全社会产生了强有力的持久的政治影响力、经济影响力、社会影响力、文化影响力和道德影响力，是中国最广大的劳动大军的行动示范者。

2. 劳模精神是社会主义核心价值体系的集中体现

习近平总书记指出：“‘爱岗敬业、争创一流、艰苦奋斗、勇于创新、淡泊名利、甘于奉献’的劳模精神，生动诠释了社会主义核心价值观，是我们的宝贵精神财富和强大精神力量。”[②] 劳模精神是民族精神和时代精神的重要内容，它是中国精神的生动体现。而社会主义核心价值体系则是中国精神的当代传承，它与劳模精神有着密切联系。一是体现在劳动模范的爱国主义精神上。无论是革命战争年代、中华人民共和国建设时期还是改革开放新时期涌现出的劳动模范：“他们有着共同的特质，就是以高度的主人翁责任感、卓越的劳动创造、忘我的拼搏奉献，谱写出一曲曲可歌可泣的动人赞歌”。劳动模范对祖国和人民无限忠诚，罗阳为我国航空工业发展披肝沥胆、鞠躬尽瘁，用生命圆了中国人心中的航母梦。全国劳动模范高玉宝通过写书、作报告等形式，六十年如一日地对广大干部群众特别是青少年进行爱国主义教育。二是体现在劳动模范的敬业精神上。敬业要求人们忠于职守，把职业当事业，力求干一行爱一行、钻一行精一行，在本职工作岗位上创造一流业绩。全国劳动模范李素丽把“全心全意为人民服务”作为自己的座右铭，真诚、热情地为乘客服务，被誉为“老人的拐杖，盲人的眼睛，外地人的向导，病人的护士，群众的贴心人”。新时代劳模在继

---

① 习近平：《在庆祝“五一”国际劳动节暨表彰全国劳动模范和先进工作者大会上的讲话》，人民出版社，2015，第10~11页。

② 习近平：《在庆祝“五一”国际劳动节暨表彰全国劳动模范和先进工作者大会上的讲话》，人民出版社，2015，第4页。

承老一代劳模爱岗敬业的基础上，与时俱进，开拓创新，成长为知识型、技能型和创新型劳模。三是体现在劳动模范的诚信品格上。诚信即诚实守信，对人诚实无欺，守信践诺，以真诚之心，行信义之事。劳动模范老老实实做人，踏踏实实做事，待人处事表里如一。全国劳动模范钱月宝始终坚持诚信为本，靠信誉和质量把一个村办手工作坊发展成为总资产35亿元的现代化企业集团。四是体现在劳动模范的友善品质上。友善强调人与人之间相互尊重、相互关心、相互帮助、和睦友好，努力形成人之亲、家之亲、国之亲。全国五一劳动奖章获得者、鞍钢劳动模范郭明义16年来为失学儿童、受灾群众捐款12万元，累计资助180多名困难学生完成学业，而他至今生活清贫。郭明义20年来55次无偿献血，累计献血量6万多毫升，相当于自身总血量的近10倍。我国已进入改革发展的关键时期，经济体制深刻变革，社会结构深刻变动，利益格局深刻调整，思想观念深刻变化。在这个过程中，各种价值观念不断涌现，各种社会思潮相互激荡。面对社会意识领域的复杂情况，我们必须保持清醒的头脑，坚持以社会主义核心价值体系引领社会思潮，最大限度地形成社会共识。社会主义核心价值体系是一个有机整体，它包括马克思主义指导思想、中国特色社会主义共同理想、以爱国主义为核心的民族精神、以改革创新为核心的时代精神和社会主义荣辱观。社会主义核心价值体系只有为群众所把握，并转化为人们的实践行为和思想品德，才能发挥其应有的功能和作用。劳动模范的先进事迹和优秀品质，具体展现了社会主义核心价值体系的要求，是对社会主义核心价值观的生动诠释。弘扬劳模精神，有利于激发广大干部群众的集体主义荣誉感，正确处理义与利、奉献与索取、个人与集体之间的关系；有利于激发人们的历史使命感和责任感，自觉把人生理想、家庭幸福融入国家富强、民族复兴的伟业之中，把个人梦与中国梦联系在一起，为坚持和发展中国特色社会主义贡献智慧和力量。

3. 劳模精神是不同时代主流文化价值取向的体现

劳模文化是中国优秀传统文化的现代化形态，随着历史的沿革、时代的变迁，劳动的理念日益更新，劳动的内涵不断拓展。面向不同行业和职业，面向劳动第一线，不论是从事简单劳动还是复杂劳动、体力劳动还是脑力劳动，劳模队伍结构都在不断发生变化。作为最具时代气质的公众人物，劳模群体始终依靠的是自身的非权力性人格魅力，成为主流文化价值导向的代言人。从王进喜、时传祥、倪志福、郝建秀、张秉贵到徐虎、李素丽、王选、袁隆平，再到李斌、许振超，各个时期涌现的劳模不断成为全社会学习效仿的对象。以他们身上体现出来的艰苦奋斗精神为例，充分诠释了艰苦奋斗是任何时代都需要的精神财富，是中华民族优良传统和社会主义价值追求的具体体现，是克服革命和建设中遇到的困难的传家宝与精神支柱。因此，艰苦奋斗的拼搏精神不仅是时代主流文化价值取向的重要体现，也是一种宝贵的精神财富。新时期的劳模精神正在从传统意义上的“老黄牛”精神，向“知识、技术、创新”型精神转变。作为精神的坐标、道德的楷模，劳模以可近、可亲、可敬、可信、可学的事迹，起到了净化心灵、弘扬正气、纠正社会风气、凝聚民心的积极作用。

4. 劳模精神是全社会真善美标准的集中体现

劳模是有形的正能量，是鲜活的价值观。一部劳模史就是一部中华民族崛起的振兴史、发展史。从“赵占魁运动”、“南泥湾精神”、“铁人精神”到“振超效率”，从“鞍钢工人”、“淘粪工人”到“当代毕昇”，生动的故事、感人的业绩，持久地激发着一代代人秉承虔诚的敬业精神，勤勤恳恳地从事着自己的事业。通过舆论宣传，劳动的精神价值更加人格化、具体化、形象化了，更加充满了感染力、吸引力和鼓动力。劳模精神成为一种全社会的“真善美”学习标杆，营造了“比、学、赶、帮、超”的进取氛围和劳动光荣的生活环境，形成人人热爱劳动、尊重劳动、尊重他人劳动成果的社会风尚。可见，劳模群体以榜样塑造的形式，将抽象的价值要求具体化，把爱国主义、集体主义、英雄主义等抽象理论形象化、人格化，引起了全社会的心灵震撼，帮助并激励人们树立正确的劳动意识，完善人格塑造。

第四章　东北（辽宁）老工业基地劳模文化本质的外在呈现

人是类性、群体性、个体性的统一，人的三重属性源于人的三种客观存在形式，即类的存在形式、群体的存在形式、个体的存在形式。所以，只有从人的个体、群体和类三个层面考虑才能更好地促进和谐。单一的一个层面的和谐已构不成真正的和谐。当前人类社会价值的多元化和利益的多元化，使得我们的思维也应由单一转化为综合、由简单迈向复杂、由平面转向立体、由民族转向世界。劳模文化是中国传统文化中道义精神的体现，它倡导无私利他、一心为公、全心全意为人民服务。那么在当前谈劳模文化，就应在时代的大背景下，根据现实人的实践，从人的类、群体、个体三重属性出发，从当前利益的多元性和价值的多元性出发，从以人为本出发，从更广泛的社会意义上谈劳模文化。

第一节　东北（辽宁）老工业基地劳模文化本质的现实存在

一　从劳动者个体看劳模文化本质的现实存在

人的存在，既是自然的存在，同时也是社会的存在。如马克思所说："人的本质不是单个人所固有的抽象物，在其现实性上，它是一切社会关系的总和。"①

① 《马克思恩格斯选集》第1卷，人民出版社，2012，第139页。

人在与他人交往的过程中，在利益有限的情况下，又怎么能够践行公而忘私的劳模精神？这种利于集体的道义精神的存在，还要先从利他本身说起。利他根据个体与他人之间的利益关系可以分为以下三种情况：一是损己的情况下的利他；二是不损己的情况下的利他；三是己他两利。

不难看出，从个体的角度看劳模精神及劳模文化，劳模文化实质是利己与利他的辩证统一，两者相依而存。合理利己为利他提供可能，而利他反过来又可以促进弘扬劳模精神的主体更好地生存，虽然其初衷并不是自利。在当前社会主义市场经济的背景下谈劳模精神，可以使个体与个体之间的交往多一些价值理性，少一些工具理性。我们既提倡劳模精神的为他性，又承认弘扬劳模精神主体的合理利己性。因此，劳模文化的实质是奉献自我与成就自我的统一，是自我价值与集体价值的统一。

二　从劳动者群体看劳模文化本质的现实存在

劳模精神的存在不能超越人的物质性而虚无地存在，所以它本质上是合理利己主义和集体价值追求的统一。而人不仅是物质性的个体存在，更是社会群体性的精神存在。所以劳模精神不能仅停留在对个体的关注，更应关注社会群体的存在。这是劳模文化存在的基础和前提。

劳模精神能够为集体而存在，源于人之善性的存在。而人之善性是其道德形成的前提。劳模精神为集体性，是人之为人的明证，体现着人本身的向善性。在当前社会中谈劳模精神传承与劳模文化建设，其社会意义在于弘扬劳模精神有利于人们树立正确的价值观。当今在社会主义市场经济下，到处充满竞争。在市场竞争之下，如果人人只为利己，把其他人的存在当作手段，那么市场经济也无法形成，因为市场经济本质上是以交换为目的的，商品对于顾客来说所具有的有用性才是其能得以交换的前提。如果人人生产出的商品只为自己，它达不到交换的目的，市场经济也无从谈起。所以由此来看，市场经济下的这些竞争如果没有为他性和服务性为前提，是达不到利自己的目的的。劳模文化的弘扬，有利于人们在市场竞争中树立正确的人生观，使劳动者在实现个人追求的同时使工具理性服务于价值理性，使自我在价值实现中成就集体自我。

三　从人类看劳模文化本质的现实存在

人在自然界中同其他的物种一样，以类的存在区别于其他的存在。人类自身的发展最终目的在于实现自由而全面的发展。而自由而全面的发展的前提是生产力的发展进步，只有实现生产力发展，并建立起与之相适应的生产关系，才能使人逐渐从阶级压迫中解放出来，才能使人类从生产劳动中解放出来，最终实现人的自由而全面的发展。从这个意义上说，基于人类发展的劳模文化本质的现实存在主要在于为社会、为人类做出的积极贡献。

社会主义的劳模精神是职业精神和伦理的时代升华，它对职业的热爱和对职业的追求，不仅仅是为了职业的成功，特别是以市场竞争为基础的成功；这种对职业的热爱是同集体主义精神、爱国主义精神，特别是同为人民服务的崇高精神联系在一起的。所以，劳模精神追求的成功大大超越了新教职业伦理的成功，它关注和憧憬的是国家发展、民族富强和人民幸福，这是社会主义职业精神和伦理确立起来的时代高度。它能够消除资本主义职业精神和伦理固有的内在矛盾，创造和谐的社会主义劳动者关系和职业间的关系，这当然就能够激发出前所未有的劳动热情和生产动力。同时，社会主义的劳模精神有着明确的社会本位属性，它同以个人为原点的新教职业伦理具有完全不同的发展路径。这种社会本位属性使得劳模精神为社会所共享，为国家所弘扬。社会对劳模的尊敬和崇尚，国家和政府对劳模的宣传和表彰，都是劳模精神的重要组成部分。也就是说，劳模精神的存在状态不是原始化的，而是社会化的，是共存共享的，这是社会主义现代化对人类职业精神和伦理的重大贡献。它不仅能够有力地促进社会发展，并且能够有效地促进社会和谐，毫无疑问，它将引领的是一个新的发展纪元。

对于而今的中国，实现中国梦，把美好的蓝图变成现实，必须依靠广大人民群众的辛勤劳动。然而，当前社会上流行一种“拥抱资本、疏远劳动”的不良风气，动摇了“劳动立身”“劳动立世”“劳动立命”的固有逻辑与观念，全面冲击和分化了按劳分配的主体地位。“幸福不会从天而降，梦想不会自动成真”，必须依靠劳动铸就中国梦。在制度安排、机制建设，尤其是具体行动上，全面落实依靠劳动者方针，真正调动劳动者的积极性，激发他们的创造性，引导全社会形成劳动创业、劳动致富、劳动光荣的浓厚氛围。这是新时代传承劳模精神的要求，也是劳模文化现实存在的根本要求和必然逻辑。

第二节　东北（辽宁）老工业基地劳模文化的存在载体

劳模文化的存在载体是指承载和传递着劳模事迹、劳模精神、劳模选树等相关的物质存在方式和外在表现形态。明确劳模文化的存在载体是研究劳模精神、传承劳模精神的前提和基础。老工业基地作为劳模产生的重要区域，其劳模文化建设一直走在前列。老工业基地劳模文化根植于中华民族优秀的传统文化中，是特殊的历史条件下中华民族优秀传统文化的具体体现。劳模文化是历史的、实践的，随着时代的进步而发展。在社会主义建设初期的困难时期，劳模文化和劳模精神着重体现的是一种大无畏的实干精神和勇气，是实事求是、求真务实的思想品格。在新时代的形势下，劳模精神和劳模文化所依托的载体，在当代仍能散发出时代需要的精神价值，并为新时代所必需。研究东北老工业基地劳模文化的存在载体，充分认识其教育价值和功能，有助于在新时代充分保护和利用其存在的载体推进劳模精神的传承，同时，也有助于创新老工业基地劳模文化的存在载体，使劳模精神的宣传和传承实现与时俱进，使劳模精神在东北振兴乃至全国发展中发挥更大、更积极的作用。

一　老工业基地劳模文化的物质载体

根据辩证唯物主义观点，物质是精神的载体，同时也是精神的根源。精神在产生和发展的过程中，始终是与实践联系着的，始终是实践的产物，而实践则是客观的物质的活动；精神是对客观现实的物质对象的反映。内含着劳模精神的劳模文化，理所当然地存在于物质载体之中。老工业基地劳模文化的物质载体，从概念上来讲，就是老工业基地劳模精神传承中的物质遗产部分，它泛指能体现劳模精神、劳模文化的一切物质形式。根据世界遗产的概念和标准，它又属于文化遗产。它的外延可以确定为以下几点。

第一，劳动模范工作过的场所；第二，劳动模范用过的生产工具；第三，劳动模范的劳动用品和遗物等；第四，为传承劳模精神而建立的纪念馆等纪念设施。老工业基地是中国工业发展的摇篮，在老工业基地内，存在成千上万的国有企业，这些企业的发展无不与当年劳动模范们做出的突出贡献有关。以辽宁沈阳为例，沈阳作为我国老工业基地，也是劳模辈出的城市。在不同的历史时期，这些劳动模范挺立时代潮头、建功沈阳发展，是沈阳的宝贵财富。为大力弘扬劳模精神、传承劳模文化，沈阳市总工会在城市的核心地段——沈阳职工之家大厦，建设了一座较高水准的劳模纪念馆。该纪念馆已于2016年6月正式对外开放。该馆展陈面积近3000平方米，重点展示112个劳动模范、劳模集体，是全国目前展示劳模最多的纪念馆。展馆采用了史料图片、实物陈列、雕塑、微缩景观场景复原、绘画以及电子书阅读、大屏幕播放和多媒体互动等多种表现手段，将一幅幅历史场景鲜活生动地展现在参观者面前。作为爱国主义教育基地，沈阳劳动模范纪念馆每天接待的参观者络绎不绝。沈阳劳模纪念馆的建立，为老工业基地沈阳劳模精神的传承提供了很好的物质载体，在那里，人们可以感受到极强的时代特色，尤其是中华人民共和国成立社会主义建设初期的那个火红年代。当前，一大批新的劳动模范正在为振兴沈阳这个老工业基地做出自己的贡献，以劳动托起中国梦，劳动最光荣、劳动最美丽正在这里蔚然成风。今天，在推动东北老工业基地振兴的关键时期，重树劳模精神，建构推动老工业基地发展的劳模文化，无疑是实现东北振兴的关键一环。为了切实运用好这些劳模文化的物质载体和生动教材，进一步发挥它们的教育价值和教育功能，首先应着力保护和修缮劳模精神传承的物质载体，保护、利用好劳模精神的原生性物质载体，将其科学规划，合理利用，真实展示；其次要正确处理保护管理与开发利用的关系，同时开辟劳模文化展示的新场所，拓展劳模精神的物质载体；最后是要全力搜寻散落在各地的劳模文物和遗迹，对它们进行合理的开发和利用，充实劳模纪念馆等相关劳模文化展馆的文物。从而增强劳模精神和劳模文化教育的感染力和说服力，提升劳模文化在当今老工业基地振兴中的地位和作用。

二　老工业基地劳模文化的制度载体

文化和制度是相辅相成、相互演化的关系。制度是文化的根基，有先进的制度，才会有先进的文化；有落后的制度，必有落后的文化。有什么样的文化基础，就有相应的制度。制度的演化，可以推进文化的发展。制度多强调理性化，重视科学标准和规范的作用，文化强调的是情感化，重视内在精神价值的开发、集体感受和各种非正式规则、群体氛围的作用。制度可以造就一个框架结构合理、运转程序规范、制度严格的运行模式；而文化可以赋予其以生命活力，为之提供精神源泉和价值动力，引导其发展方向，并创造特色。劳模制度作为我国传统的劳动人事管理制度的重要内容之一，对我国的经济建设和社会发展尤其是老工业基地建设和发展做出了不可估量的贡献。《中华人民共和国宪法》第四十二条规定："中华人民共和国公民有劳动的权利和义务。……劳动是一切有劳动能力的公民的光荣职责。国有企业和城乡集体经济组织的劳动者都应当以国家主人翁的态度对待自己的劳动。国家提倡社会主义劳动竞赛，奖励劳动模范和先进工作者。国家提倡公民从事义务劳动。"根据这一规定，中国建立了"劳动模范"表彰制度。

我国的劳模制度始于20世纪50年代，其产生的体制背景是计划经济制度。在计划经济制度下，强调集体主义，人们对竞争的理解是"后进赶先进，先进帮后进"，整个社会的经济活动是通过中央与地方的计划来控制的，微观经济单位必须按照计划要求组织生产与供应。为了提高微观经济单位与劳动者个人完成经济计划的积极性，进而促进国民经济的增长与发展，国家引进了社会主义的劳动竞赛制度。随着劳动竞赛制度的确立与推广，劳模制度也随之得到了普及，并对经济建设与社会发展发挥了积极的作用，这主要表现在以下几方面。首先，为广大劳动者树立了社会主义的劳动观念。在社会主义制度下，劳动不仅仅是谋生的手段，还应该是奉献社会、创造和谐、促进文明的重要途径。而劳模制度正是把无私奉献、创造和谐的劳动，树立为社会主义劳动的典范或楷模，并通过对劳模的评选与奖励强化劳模的示范作用，从而影响全体劳动者的劳动观念与劳动行为。其次，促进了物质文明的建设。劳模的基本标准就是业务标准，即劳动者在本行业、本职位上的工作标准，具体包括业务熟练程度、技术水平、单位时间内的工作量或作业量等。当然，劳模的业务标准不是一般的合同标准或最低标准，而是本单位或本行业、本地区的最高标准。于是，通过劳模的行为导向，全体劳动者的“比、学、赶、帮、超”活动便成为单位、部门或地区超额完成生产作业计划的重要保证，从而加速了全社会物质文明的进步。最后，促进了精神文明的建设。劳模的标准不仅仅有业务标准还有政治思想、劳动态度及道德修养等非业务标准。如模范遵守党和国家的方针、政策、法律，严守劳动纪律，助人为乐，团结协作，大公无私，吃苦耐劳等。因此，通过对劳模的评选与学习，有利于形成良好的法纪观念、职业道德、公众意识与奉献精神，从而有利于社会主义精神文明建设。

三　老工业基地劳模文化的职业教育实践载体

劳模精神是在生产实践中形成的，劳模精神的传承也必须回归生产实践。作为劳模精神形成、传承的劳模文化，为劳模精神的传承提供了良好的环境。在长期的职业教育实践中，劳模文化在职业教育中的贯彻落实使劳模精神的传承得到了很好的实现。老工业基地劳模文化的职业教育实践为老工业基地劳模精神的继续发扬提供了绝佳的载体。中共中央办公厅、国务院办公厅《关于进一步加强和改进新形势下高校宣传思想工作的意见》和教育部《中等职业学校德育大纲（2014 年修订）》中要求，要统筹推进活动育人、实践育人、文化育人，广泛开展“文明风采”竞赛、“劳模进职校”等丰富多彩的校园文化和主题教育活动，把德育与智育、体育、美育有机结合起来，努力构建全员、全过程、全方位育人格局。“劳模精神”需要实践来培养，需要以工匠精神培育为抓手，给学生和教师一个密切合作互动的机制。在实施职业教育时，学校依托当地的资源和环境，组织学生定期到业绩突出的农村、工厂和企业等生产一线学习参观，让学生直接接触现代劳动技术教育。依托现有科技馆、职业体验馆等机构，利用假日展开劳技知识普及、宣传和推广，广泛利用实例、图片、操作等形式，让学生全面参与到劳技教育中，建立与现代科学技术的传播和应用关联度更高的职业技术教育载体。将劳模文化和劳模精神融入职业教育实践。首先，在职业教育中重视工具性价值取向。在职业院校中注重劳模精神的培育，在教育教学过程中深化文化育人理念，将职业道德、人文素养教育贯穿人才培育的全过程，营造“劳动光荣、技能宝贵、创造伟大”的良好氛围，让学生获得工具性知识和技能的同时培养起良好的职业素养和奉献精神。

在老工业基地的职业技术院校中，有一些学校通过课程教学、专题讲座、校园文化建设、实习实训等，让学生了解劳模、感受劳模精神。同时，通过传授完整的产业链知识与技艺，让学生了解产品发展改革的取向，感受工艺的历史文化，体会劳模精神、劳动创造在生产中的地位和作用。其次，培育系统的现代职业教育体系。虽然我国的职业教育起步较晚，与发达国家德国、瑞士和日本等相比在职业教育体系上还不够完善，但劳模文化在职业教育中的应用却是一直存在的。当前，我国的职业教育体系在一定程度上适应了我国经济结构调整、产业优化升级、建设制造业强国的要求，并且，劳模精神在职业教育中也得到了系统的宣传并融入到了教育教学中。因此，已经建立起来的相对系统的现代职业教育体系正在将劳模精神融入到育人实践中。最后，深入的校企合作为劳模文化的培育和劳模精神的传承提供了良好的载体。工匠由学校规模化培养后，校企合作成为培养技能型人才的有效途径。校企合作是传统的学徒培训与现代教育相结合，它充分发挥了学校和企业在人才培养方面的各自优势，使学生在掌握理论知识的同时，在企业实践中接受企业文化、劳模精神和劳模文化的熏陶，从而使学生得到全面的锻炼和培养，进而达到育人的目的。当然，职业教育中的校企合作如果能够进一步提升，通过其良好成效一定能够使学生躬行践履、知行合一，实现从知识、技能到素养、精神的高度融合，着力使劳模文化和劳模精神在职业教育中发挥更高的效能。

四　老工业基地劳模文化的活动载体

劳模文化虽然是一种文化，但它的贯彻落实需要内化为劳动者的行为，其要义在于践行劳模精神。因此，劳模文化的活动载体要求把劳模精神与劳动者行为联系起来，深入渗透到生产生活的各个方面。因此，劳模文化的活动载体是指涉及劳模精神宣传、践行的各种活动，将劳模精神寓于活动中，使劳动者在活动中受到教育，从而推进劳模精神的践行。通过把劳模精神蕴含在劳模文化营造活动之中，让群众参与其中，领悟其中的精神实质，以润物细无声的形式，教育劳动者于无形之中。

把活动作为劳模文化的载体，既是我们党的思想政治教育的优良传统，也是劳模精神传承的内在要求。目前的主要形式有以下几种。第一，劳模现身说法的宣讲活动。在老工业基地最不缺少的就是劳动模范，他们的光辉事迹感染了企业的一批又一批工人。他们的现身说法能够拉近劳模与普通职工的距离，使企业职工近距离感受劳动模范们工作、生活的事迹，这是最好的教育方式。第二，企业内部开展劳模精神教育培训。职工培训是每一个企业都必须开展的环节，是劳动者从生活、学校走上工作岗位的第一步，将劳模文化范围营造和劳模精神教育与职工的职业道德教育等结合起来，不仅使职业教育有了内容，也使劳模精神教育有了载体。培训人员不仅可以介绍劳模们的光荣事迹，也可以把企业针对职工创新奉献的相关制度介绍给职工，使他们明确，劳模精神的践行既是责任、又是使命，每一个人的努力、奉献都会得到认可。第三，组织贴近职工群众的宣讲团巡回演讲。不是每个企业都能有机会让劳模对职工开展现场教育，建立劳模精神宣讲团毫无疑问是推进劳模文化建设的重要抓手。从县级到市级再到省级和国家级，每一个地方都可以建立若干劳模精神宣讲团队为企业职工教育服务，以使劳模精神得到更好的传承。第四，通过在劳模纪念馆举办各种活动，使人们充分感受劳模文化的氛围，使劳模精神在日常的活动中起到“润物细无声”的作用。

五　老工业基地劳模文化的媒介载体

老工业基地劳模文化的建设以及劳模精神的传承能否有效实现，媒介载体也发挥着宣教的作用。媒介载体具有广泛性与普及性，有助于扩大劳模文化和劳模精神的辐射面。在老工业基地劳模文化的建设以及劳模精神的传承过程中，我们要把传统媒介和现代媒介结合起来，各展所长，形成合力，使他们共同为老工业基地劳模文化的建设以及劳模精神的传承发挥作用。第一，劳动模范事迹介绍的相关通俗读物。通俗读物是普及劳模事迹、传承劳模文化的重要载体，在推动劳模精神普及化过程中发挥着独特的作用。推进劳模精神的时代化，必须打造通俗读物宣传的品牌。要让劳模事迹走出单位，走出中央文件，走向民间，就要注重从个人事迹向群众的推介，让普通百姓了解、认可。各种报刊可以开辟劳模文化建设以及劳模精神宣讲、传承专栏，满足广大群众的学习了解需求，探索报刊建设劳模文化、宣传劳模事迹、传承劳模精神的新机制，尤其是要发挥党报党刊的主阵地作用。因此，要办好报纸事迹宣传版，抓好相关书籍的出版，加强内容策划，丰富体裁，多推出读者愿看、爱看的通俗劳模事迹书籍。第二，传统媒介与现代媒介相结合，利用互联网等现代科技迅猛发展带来的传播方式革命性变化的条件，在保留编写通俗读物、开办宣传栏等传统形式的基础上，探索公益广告、短信、电子邮件、动漫等多种现代形式，把劳模事迹和劳模精神通俗化，深入到群众心里，使之真正为广大群众所理解和接受。广播、电影、电视、网络等现代媒介在当代教育中得以广泛应用。这些现代传媒技术以直观、形象的方式使劳模文化宣传摆脱单调和枯燥的状况，既可丰富大众化的手段，又增强了大众化的效果。

互联网是20世纪最具有影响力的科技进步，带来了文化传播方式的深刻变革。网络传媒对于劳模文化建设毫无疑问具有战略意义，网络不仅仅作为工具承载劳模文化宣传的职能，更作为一种促进和反制的力量使得劳模精神宣传成为一种迫切的需要和必然。而网络的大众化应用与开放性以空前直接的方式反映了网络民众的基本情绪和社会政治需求，使我们在劳模文化建设的过程中有着更为便捷和直接的面对劳动者最基本需求的途径与契机。推动劳模文化建设和劳模精神传承，必须充分利用互联网，拓宽原有的宣传教育阵地，建立全方位、立体式的传播体系，让劳动者在学习工作、生活休闲中潜移默化地接受劳模文化的洗礼、受到劳模精神的熏陶。要主动利用好互联网平台，为劳模文化建设开辟新空间，把互联网等新兴媒介建设成为劳模文化建设的重要载体和崭新平台。要不断探索网络宣传规律，准确把握网民的接受特点，善于运用各种网络传播方式，推动劳模精神更好地被劳动者接受。当然，劳模文化建设一方面要积极利用网络阵地，利用网络文化的快捷、互动、便利和开放的优势，开展灵活多样、喜闻乐见、丰富多彩的劳模精神宣传教育活动；另一方面，又不能完全依赖于网络而削弱日常生活中和工作中的劳模文化建设和劳模精神宣传。总之，只有形成“网上”和“网下”互动，全时关注、全程覆盖、全方位的宣传、传承新格局，才能增强劳模文化的整体效应。

总之，媒介的发展与现代化给劳模文化传承提供了好的载体。劳模文化建设应充分利用传统媒介、现代媒体，在宣传学习劳模爱岗敬业当标杆、尽职尽责做贡献的干事创业精神上下功夫；在宣传学习劳模勇于创造、敢为人先的创新精神，汇聚大众创业、万众创新的磅礴力量上下功夫，全面贯彻落实尊重劳动、尊重知识、尊重人才、尊重创造的方针；在宣传学习劳模勇攀高峰、勇争一流的向上精神，营造创优争先、比学赶超的生动局面上下功夫，掀起一个又一个学习劳模、争当劳模、赶超劳模的热潮，营造广大劳动者创优争先竞相发展的浓厚氛围，使劳模文化在新时代绽放新的光芒。

第三节　东北（辽宁）老工业基地劳模文化存在的历史和现实作用

在老工业基地建设和发展的过程中，劳动模范发挥了至关重要的作用，他们身上体现出的精神感召了一代又一代青年，激励一代又一代人为老工业基地建设奉献出自己的青春。老工业基地企业发展创新的过程也是不断打造劳模文化、发挥劳模文化作用的过程，更是劳模精神不断传承的过程。

一　老工业基地劳模文化的历史作用

从中华人民共和国成立到改革开放，从改革开放到今天，老工业基地劳模文化发挥了重要作用，从宏观上看，老工业基地劳模文化具有以下作用。

1. 老工业基地劳模文化的导向作用

面对知识水平参差不齐的人民群众，党在社会主义革命和建设中所主张的主流价值观以及倡导的政策方针是抽象复杂的，如何使他们更清楚地认识到中国共产党在全社会所宣传的主流意识形态，就变得格外重要。通过塑造一个又一个承载有政治主流价值观念和倾向同时又生动形象的劳模典型，为人民群众实现自己的人生价值创造一个良好的文化环境至关重要。因此，在老工业基地，国有企业一个个艰苦奋斗、甘于奉献、开拓创新的劳动者形象为人民群众提供了一个清晰的可效仿的模板，社会成员就能清晰地知晓朝着什么方向行动才是正确的。这种劳模文化的形成和发展，无论是在社会主义建设初期还是在改革开放以后，都发挥了极为重要的作用，这也正引领着新时代劳动者在实现自我价值与奉献集体和国家的过程中创造着更加美好的未来。

2. 老工业基地劳模文化宣传形象的示范作用

老工业基地劳模文化宣传是以劳模为载体的，老工业基地一个个鲜活的劳模形象不仅是老工业基地发展历程的缩影，也是老工业基地劳动者形象的集中展示。劳模们的形象对老工业基地劳动者价值实现具有示范作用。劳模在党的精心培养下，能潜移默化地推动党的主流意识形态走向大众化、普遍化。在改革开放前的30年里，劳模典型很大程度上发挥了“政治示范化”的作用。他们大多从群众中来，产生于群众身边，中国共产党在20世纪50年代树立的裔式娟、杨富珍、王进喜，60年代的焦裕禄、马凤英等劳模典型，他们所发挥的典型示范作用引起了强烈的反响，极大地激发了广大生产第一线工人的积极性。例如“铁人”王进喜、裔式娟等在成为劳模典型之后，带领自己的小组团结协作，艰苦奋斗，为社会主义建设立下了汗马功劳。因此，劳模典型的树立对于社会主义的革命、建设和改革事业确实起到了极大的推动作用，产生了引领示范的效果，在很大程度上调动了各行各业工人的积极性与主动性。

3. 老工业基地劳模文化发挥的凝聚作用

“软权力”作为治理社会的一种方式，开始越来越多地被使用。老工业基地劳模文化中树立劳模政治符号作为“软权力”的一种重要形式，能把看不见、摸不着的党和国家的主流意识形态形象化和具体化为人民群众学习的典范，润物无声地影响社会大众，实现对人民群众的引导和教育。中国共产党在劳模的塑造过程中，有针对性地培养一批先进分子，使人民对中国共产党的政治认同和政策理解得到增强，中国共产党的政治威信得以树立，各族人民更加紧密地团结在中国共产党的周围。在劳模塑造的过程中，中国共产党采取各种方式充分发挥劳模的影响力来宣传自己的主流价值观。相对于“硬权力”来说，这种影响方式更加高效、可持续地推动国家的发展和社会的进步。所以，在社会主义革命、建设和改革的过程中，中国共产党充分利用劳模塑造这一“软权力”治理社会，调动广大劳动群众的积极性，更好地建设社会主义家园。

二　老工业基地劳模文化的现实作用

老工业基地劳模文化塑造了一批又一批的劳动模范，引领广大劳动者形成爱岗敬业、精益求精的职业追求。从老工业基地劳模文化建设中宣传的先进典型来看，他们传统与时代结合、先进与多元结合、务实与创新结合的爱岗敬业特点具有历史的穿透力。因此，劳模精神的作用也必然会历久弥新。改革开放以来的四十年中，劳模文化建设和发展中构筑、展现的劳模精神成为推动社会经济发展和国家兴旺发达的重要力量。

1. 国家层面：推动国家发展，助推民族复兴

第一，有利于增强民族凝聚力，实现中华民族的伟大复兴。是否拥有强大的经济实力已经成为评判世界大国的指标之一。然而当我们审视这些国家发展史的背后，不难看出除了政治和政府引导的作用，还有一股重要的民族精神作为支撑。如果说，一个国家，一个民族，想要兴旺发达，想要屹立于世界民族之林，就必须依靠一种凝聚人心的民族精神。那么，这种民族文化精神表现在职业活动中就是敬业精神。审视当今世界的众多国家，能够发现他们都十分重视敬业精神的培育。马克斯·韦伯在《新教伦理与资本主义精神》中指出，从欧洲逃到美国的新教徒们用他们的“资本主义精神”，作为一种积极进取、勤奋敬业的力量，促使美国迅速发展成为充满活力的资本主义社会。我们可以看到，敬业精神是民族繁荣和民族强盛的重要精神支撑，对任何一个民族的生存与发展都具有极其重要的意义。尤其对于正在崛起的民族，更需要有这种强大的精神力量。我国是立志走中国特色社会主义道路的国家，要想冲破资本主义国家的束缚和压迫，就必然凝聚所有劳动者的智慧，充分发挥劳模精神的强大力量。当劳模精神成为民族精神的一部分时，它就可以作为一种强大而坚韧的动力，推动整个民族和社会的发展和进步。习近平总书记在参加2013年全国劳动模范座谈会时指出：“实现我们的发展目标，不仅要在物质上强大起来，而且要在精神上强大起来。全国各族人民都要向劳模学习，以劳模为榜样，发挥只争朝夕的奋斗精神，共同投身实现中华民族伟大复兴的宏伟事业。”①

第二，有利于增强综合国力与国际竞争力，实现大国崛起。中华民族历来就是一个勤劳勇敢的民族。习近平指出：“劳动是人类的本质活动，劳动光荣、创造伟大是对人类文明进步规律的重要诠释。正是因为劳动创造，

---

① 《习近平谈治国理政》，外文出版社，2014，第46页。

我们拥有了历史的辉煌；也正是因为劳动创造，我们拥有了今天的成就”。[①]从中华人民共和国成立之初到21世纪的今天，无数劳动者用他们的付出与汗水成就了自己的事业，同时也成就了祖国的发展与进步。然而，一个国家的综合国力与国际竞争力不仅包括经济发展水平、科技水平与政治发展水平，还包括文化发展水平与公民基本素质等。这里的文化发展水平也就是指文化软实力。尤其是在21世纪，文化软实力已经成为衡量大国综合国力与国际竞争力的重要指标，是实现大国崛起的基础。中国的文化想要征服国际，首先要征服自己，要被广大群众所接受，才能做到在国际上“以德服人”“以诚相待”。党的十七届六中全会《推动社会主义文化大发展大繁荣的决定》指出，繁荣社会主义文化的根本任务是构建社会主义“共同的精神家园”。这些都证明了我国大力发展文化软实力的决心。老工业基地劳模文化所宣传的全国劳模与先进工作者所展现的劳模精神不仅是一种职业精神，更是推动行业发展与社会进步的重要力量。中华全国总工会曾经举办的“新中国成立以来最具影响的劳模评选活动”就是利用这一优势，将劳模精神发扬光大。无论时代如何变迁，劳模们所具有的敬业精神都不会被社会所遗忘，他们无私的奉献精神、强烈的责任感和锲而不舍的开拓精神永远是时代所需要的高尚品质，而这恰恰也是推动中国文化软实力发展的重要部分。因此，只有不断推进老工业基地劳模文化建设，才能做到将文化软实力与经济实力、国防实力相结合，共同提升我国的综合国力与国际竞争力，使中华民族巍然屹立于世界民族之林，实现大国崛起之梦。

回首中华人民共和国成立以来的历史，老工业基地劳模文化展现了我们伟大的民族与时俱进、开拓创新的精神风貌。劳模精神代表着一个时代的道德观和价值观，他们的敬业事迹也向我们证明了劳模精神作为一种强大的民族精神，其蕴含的巨大能量。习近平总书记在参观《复兴之路》展览的讲话中，提出“中国梦”这一新命题，他指出，“实现中华民族伟大复兴，就是中华民族近代以来最伟大的梦想。”[②]然而，在实现中华民族伟大

① 习近平：《在庆祝“五一”国际劳动节暨表彰全国劳动模范和先进工作者大会上的讲话》，人民出版社，2015，第3～4页。

② 《习近平谈治国理政》，外文出版社，2014，第36页。

复兴的过程中，我们必将经历一个艰苦卓绝的过程，这就需要所有的劳动者的顽强拼搏和勤奋敬业。因此，从这个意义上说，劳模精神就是实现“中国梦”的动力源之一，让我们沿着老工业基地劳模文化的精神继续前行。

2. 社会层面：助推经济健康发展、文化繁荣

发展社会主义市场经济，就是要让市场在资源配置中起决定作用。应当承认，市场经济可以增强竞争意识，为我国的经济发展注入了新的活力，有助于推动经济发展和科技进步。但是，在经济高速发展的同时，它也不可避免地带来了负面影响。首先就是人们的思想观念上。一方面，市场经济注重利益和效率，它主张在生产活动中权衡利害得失，使利益最大化，但它过度重视自我利益的实现，容易导致一切向钱看，片面追求短期利益、个人利益等不良问题。另一方面，市场经济过分强调个人利益的意识会使人们对集体利益淡漠，引起劳模精神的衰退，这在客观上也必将导致人与人之间的关系功利化，致使从业人员的责任意识淡薄。如果在一个企业中，敬业只是个别人员的精神，也许还不足以产生决定性影响，而当敬业成为一个企业共同的追求，这种精神就可以外化为具体的制度，进而带来不可限量的经济效益。经济建设与文化建设是相辅相成的关系。在发展经济的同时，我们也应当重视精神文明的建设。劳模精神作为一种文化精神，是社会发展的内在动力。一个国家和民族的发展不仅需要经济强有力的保障，同时也离不开精神的支撑。正如马克斯·韦伯所说：“假如一个制造商长期违反活动准则，他就必须从经济舞台被赶下来。正如一个工人不适应这些准则就必须被抛弃到街头成为失业者一样”。如果一个民族没有奉献、敬业精神，那他们也必将被世界所淘汰。因此，发扬光大全国劳动模范与先进工作者的精神，对于保证社会主义市场经济的健康有序发展具有非常重要的现实意义。

改革开放以来，社会主义市场经济的发展提高了人民的经济水平，同时也带来了许多新情况、新问题。尤其是把资本主义国家金钱至上的价值观念推及社会生活和政治生活之中，这种价值取向严重地影响着人们的思想道德观念。因此，加强社会主义精神文明建设，使其与经济建设协调发展是必由之路。2012 年，党的十八大报告第一次将敬业纳入社会主义核心

价值观，作为全社会倡导和培育的核心价值观之一。这就从根本上指出了敬业精神的重要性和价值。劳模作为敬业的代表，劳模精神是敬业精神落实的最高境界。胡锦涛同志曾指出："劳动模范是党和国家的宝贵财富，各级党委和政府要始终坚持全心全意依靠工人阶级的方针，重视发挥劳动模范的作用，热情关心劳动模范的工作、学习和生活，细致入微地为劳动模范排忧解难，推动全社会进一步形成尊重劳模、爱护劳模、学习劳模、争当劳模的良好风尚"。胡锦涛同志的话，指出了全国劳动模范所具有的影响力和正能量。放眼未来，在实现东北振兴的实践中，仍然需要作为典型和榜样的劳动模范与先进工作者，以及他们具有先进性、务实性、时代性、创新性等特点的劳模精神提供可靠的动力。习近平总书记在 2015 年全国劳动模范和先进工作者大会上指出："艰苦奋斗、勇于创新，淡泊名利、甘于奉献的劳模精神，生动诠释了社会主义核心价值观，是我们的宝贵精神财富和强大精神力量。"这里将劳模精神作为强大的精神力量，足以证明劳动模范与先进工作者作为一个具有号召力的群体，他们的精神具有可宣传性和可传承性。劳动模范能够通过自身的先进行为和高尚思想来影响身边的人，在社会中产生良好的引领作用。一个典型就是一面旗帜，一个模范就是一座丰碑，他们是推进公民道德建设最有说服力、最有影响力的鲜活教材。改革开放以来，一代又一代先进模范人物用他们干一行爱一行、爱一行精一行的敬业精神影响了一代又一代人的成长，也经过劳模这个大集体长期实践与创新所形成的价值观念、道德规范、行为准则、劳动品格，有力地促进了社会主义精神文明建设与发展。

在当前推进东北振兴的关键时期，推进劳模文化以助推经济发展、文化繁荣既是时代的需要，也是实践的规律性要求，更是发挥自身优势不断进步的根本所在。

3. 个人层面：助推人际关系和谐和自我价值实现

人与社会的交融、对社会风气的认识和体验，是通过从业者道德状况表现出来的；各行各业间的交往、合作，直接反映出整个社会的风尚。毋庸置疑，良好的职业风尚会促进社会与人际关系的和谐，而恶劣的职业操守也必然会引起社会的不良与人际关系的紧张。在当前市场经济对社会和谐的不利影响中，最为突出的就是在职业道德领域出现的敬业危机，如近年来屡见不鲜的商业市场假冒伪劣猖獗，部分黑心厂家为了降低成本追求利益，生产出各种威胁百姓身心健康的劣质产品，这些事实源于人们敬业精神的缺失、职业风气的败坏。劳模文化建设的推进向人民示范了劳动模范与先进工作者的优良作风、精神风貌、价值追求。他们不计个人得失的奉献品质是劳动者学习的榜样。因此，推进劳模文化建设和劳模精神传承不仅可以调节行业内部的关系，促进各单位人员之间的团结与合作，而且可以调节劳动者与服务对象之间的关系，促进双方的和谐与信任。另外，如果每个职业集体都具备劳动模范的表现，对于社会的发展与稳定也具有重要的作用，只有每个行业都担负起对社会的责任和义务，才能更好地提高从业者的道德水平，促进行业和谐、健康、有序发展。

职业发展是个人发展的前提，只有妥善处理好人与职业发展的关系，使之协调发展才能最大化地实现个人价值，达到个人发展的目的。作为道德主体的人，在道德生活中不仅仅要遵从道德规范和道德要求，还要追求实现自身的发展和道德人格的完善，尤其是在社会物质生活发展到一定高度之后，人的道德将会朝着哪个方向发展，人将走向何方，客观上要求有一种力量可以指导人的发展。职业要求迫切需要提高和充分发挥人的知识水平和专业能力，而只有具备较高的政治业务素质，才能更好地敬业乐业。因此，确立人在市场经济体制建设中的主体地位，以劳模文化建设为载体把劳模精神宣传出去，有助于培养和调动广大劳动者的工作积极性。劳动模范与先进工作者的职业精神是当代中华民族和时代的精华，代表了一种积极向上、奋发有为的民族精神。号召广大劳动者学习他们的精神，有助于提高劳动者的综合素质，有助于劳动者在履行自己的职责与义务的同时也能够实现个人价值。习近平总书记曾多次强调“实干兴邦，空谈误国”。建设中国特色的社会主义事业需要每一个行业的劳动者同心协力、团结一致。东北老工业基地振兴不单是政府的责任和使命，它需要发挥每一个劳动者的主动性、积极性和创造性。如果每个人都能全力以赴地投入工作，就能换来集体力量的成倍增长，才能真正满足东北老工业基地振兴的建设要求。

第五章　东北老工业基地劳模文化本质的时代彰显

对劳模文化本质的历史追溯与理论阐释，归根结底是为了彰显其时代特色，发挥其时代价值。伴随着中国特色社会主义进入新时代，整个社会崇尚劳动、尊重劳动者的文化氛围日渐浓厚，劳模文化与劳模精神在引领社会主义精神文明建设、培育和践行社会主义核心价值观方面的意义得到进一步凸显。劳模文化本质的时代彰显，是以劳模文化转型为前提，以劳模文化资源的开发利用为重点。

第一节　东北老工业基地劳模文化的转型发展

东北老工业基地劳模文化历史悠久，具有代表性，曾为东北地区及国家发展做出过突出贡献。但是随着社会不断发展，受到经济、政治、人文、地理等因素的制约，东北老工业基地劳模文化的影响力日益削减，不能适应东北地区的进一步发展，难以为东北地区发展提供源源不断的精神动力和精神引领。为了实现新一轮东北老工业基地的全面振兴，充分发挥劳模文化的作用，就必须推进老工业基地劳模文化的转型发展。

一　相关概念的界定

（一）转型

据《辞海》释义，转型既可以指社会经济结构、文化形态、价值观念等发生转变，也可以指事物的结构形态、运转模型和人们观念的根本性转变过程。由此可以看出，转型是事物的根本性转变过程，不是表面、形式或状态的简单变化。不同的转型主体与客观环境的适应程度，决定了转型的内容和转型的方向。转型不仅是转型主体单方面的转变，而且要求与其相联系的环境也要做出适当的改变，从侧面促进转型，以适应转型主体发展的需要。因此事物要想转型成功，必须先优化与其相关的环境，尤其是经济环境、政治环境和文化环境，使其与转型主体相协调、相统一，以此为事物的转型发展奠定良好的基础。转型是主动求新求变的过程，从这个意义上来讲，转型是转型主体自身发现问题、寻求解决办法，以此保证长远发展的过程，而不是受到外界压力，被迫做出改变，以此适应社会发展的过程。转型是一个不断抛弃保守、过时和阻碍新事物发展因素的过程，也是一个继承优良传统因素、在此基础上不断创新的过程。

（二）文化转型

文化转型是主导性文化的根本变革。从这个层面上讲，文化转型是文化发展中的质变，是其根本内容发生变化，而不是在保持基本思想不变的情况下的自我量变。但是，文化的发展具有历史继承性，因此文化转型要重视传统文化在文化转型发展中的作用。所以不能采取“突变”性的快速推翻以往的文化形态的方式，一般是通过新的文化要素的不断积累，旧的文化要素的逐渐消失或者是新旧文化要素在一定历史条件下的重新整合而形成新的文化基础，使文化在新质的基础上不断的发展。文化转型是在生产力发展基础上人们思想的解放、价值观念及其评价体系的更新。[①] 这是文化转型的重要内涵，文化转型的重要方面就是人思想的转变。人是社会历史的创造者，是物质文明的创造者，也是精神文明的创造者。文化转型要取得成功，就要不断地使人们的思想观念、价值观念得到转换更新。文化转型是一个整体性的概念，即指物质文化、精神文化、制度文化的总体性变革。因此文化转型的完成，不能仅仅依靠某一方面的转型完成，更不能把某一方面的转型完成看成是文化转型的实现，文化转型的实现是全方位的转型。

---

① 汪平：《浅论我国的文化转型》，《理论月刊》2009 年第 3 期。

概括来看，文化转型是指一种新的文化形态替代旧的文化形态，表现为文化的变革和进步，是一种文化创新的过程，更是物质文化、精神文化和制度文化的全面转型。

(三) 劳模文化转型

人类迄今为止所经历的最深刻的文化转型就是现代化进程中的文化转型，即传统农业文明条件下自在自发的经验型的文化模式被工业文明条件下的自由自觉的理性文化模式所取代，亦可称为文化的现代化。在文化的现代化过程中即文化转型的过程中，人的现代化是处于核心位置的。劳模文化是指在一定的社会文化大环境的影响下，经过劳动模范这个集合体长期实践与创新所形成的整体价值观念、信仰追求、道德规范、行为准则、创业精神、助人风尚和劳动品格的总和，劳模文化作为一个完整的体系，应该包括劳模价值观、劳模精神、劳模形象和劳模品牌等。[①] 这四个方面离不开人的作用。因此劳模文化转型是在社会文化大环境下，经过人民群众的自我完善使劳模价值观、劳模精神、劳模形象和劳模品牌实现根本转变，是劳模文化的质变。

二　东北老工业基地劳模文化转型发展的必要性与重要性

(一) 东北老工业基地劳模文化转型发展的必要性

1. 经济持续下滑

当前东北地区的劳模文化已经不足以支撑地区经济的快速发展，不能使经济发展焕发新的活力。以东北地区的工业增加值为例，黑龙江省的工业增加值由 2011 年的 13.5% 下降到 2015 年的 5.3%；吉林省的工业增加值由 2011 年的 18.8% 下降到 2015 年的 0.4%；辽宁省的工业增加值由 2011 年的 14.9% 下降到 2015 年的 -4.8%。[②] 这从侧面说明东北地区的经济增速在不断地下降，且下降幅度较大。这与我国的经济增长速度相悖，东北三省的经济增长速度变化与我国并不同步，且处于我国的下游水平。东北地

① 陈勇：《劳模文化的社会效应及其价值趋向》，《中国劳动关系学院学报》2005 年第 3 期。

② 张志元、周雪雪：《劳模文化助推东北老工业基地全面振兴》，《党政干部学刊》2017 年第 9 期。

区经济下滑的另一个表现是经济效益下降，且明显高于全国下降幅度，东北地区的经济收益已不足以支撑其自身的发展。

东北地区经济持续下滑的一个重要原因就是原有劳模文化已经不能适应东北地区的发展。原有劳模文化的发展思维已经跟不上时代发展的潮流，不能再为东北老工业基地的持续发展提供源源不断的动力。原有劳模文化的思想观念将人们束缚在自己的生产领域内，缺乏与外界的交流，使东北地区相对闭塞；原有的劳模文化忽视市场的作用，使市场的作用无法充分发挥。这些都是原有劳模文化对经济发展的制约，严重影响东北老工业基地经济的持续发展。这就要求原有的劳模文化必须进行转型，以适应东北地区经济的发展。

2. 政治生态恶化

现在网上有一种说法，叫作“投资不过山海关”。这虽然可能与事实不相符，但是也明显反映了一个严重的问题，企业家不愿意到东北进行投资。这一现象的重要原因是东北地区的政治问题。东北地区的政治生态越来越恶化，贪污腐败问题严重影响东北地区的正常发展，影响政府形象。东北地区的人民具有鲜明的个性，他们重义气、爱面子、重关系。但这样的性格特点具有两面性，一方面热情好客、重视情感，另一方面缺少理性、不重规则、重“人情”。这一缺点在政治方面就会表现为拉关系、搞小圈子，利用人际关系来解决问题，而不按规则办事等，致使东北地区的腐败问题尤其的突出。行政审批项目不符合规范，繁琐僵化，并且不顾市场的需求。某些官员只考虑自身的得失，只要有利于自身政绩的项目就不顾地区综合发展效益胡乱审批，对自身利益不利的优良项目却恶意抹杀。因此经济环境遭到严重的破坏，企业无法正常地运行，最终拖垮了东北老工业基地的经济。官僚主义、政治生态恶化、机制僵化等问题，严重影响着东北地区的发展。东北老工业基地迫切需要进行政治层面的完善，以此为地区的发展提供重要的制度保障。一定的文化是由一定的经济、政治所决定的，一定的文化又反作用于一定的经济、政治，给经济、政治以重大影响。然而经事实检验，原有的劳模文化并没有充分发挥它对政治的反作用，因此劳模文化必须进行转型发展，以优化政治生态环境。

3. 文化保守封闭

“在中国传统文化中，非常缺乏西方那种以个人为本位的价值观念。个人的欲望与自由，即使并没有对他人与社会造成影响，也不会受到尊重，且常常被视为性恶的表现而横加干涉……即使在今天，在顽固的传统文化的心理积淀下，政府和民众对于企业与个人的经营自由，仍然常常习惯于不合法的干涉。成为今日中国市场经济痼疾的政企不分现象，既是传统计划经济的遗留，也是传统文化缺乏对个人自由的尊重的表现。”① 东北地区与其他地区有所区别，在于国有企业众多，所占比例较大，加上历史文化因素的影响使得东北地区重视发挥政府在社会生活的作用。长时间依赖于政府的指令和政策，导致东北地区人民的思想观念趋于保守，缺少灵活变通的思维、创新性的想法，无意识地封闭自我，自身聪明才智得不到发挥。大多数人都处于盲从的状态，跟随他人思想，没有自身思想，容易接受他人的灌输。这样依赖于政府，使得东北地区的市场无序散漫，民众普遍缺少竞争意识，安于现状，缺少进取的心态。这样的思想观念是束缚东北地区发展的又一重大因素。原有劳模文化在一定程度上助长了这些思想的发展。如今我们想要改变东北老工业基地人们的这种思想观念，就必须先改变原有劳模文化不适应时代发展的部分，实现劳模文化的转型发展，为东北地区的民众注入新的思想观念。

（二）东北老工业基地劳模文化转型发展的重要性

1. 劳模文化转型为东北老工业基地全面振兴提供精神动力

老工业基地劳模文化的转型发展为老工业基地的经济振兴提供了精神动力。恩格斯指出“经济运动是最强有力的、本原的、最有决定性的”，是“会为自己开辟道路”的，但是“它也必定要经受它自己所确立的并且具有相对独立性的政治运动的反作用”。② 这就明确阐述了经济基础与上层建筑之间的关系，即经济基础决定上层建筑，上层建筑反作用于经济基础。而劳模文化是上层建筑的重要组成部分，对于经济的发展将会产生重要的影

① 鲁品越：《“关系本位”文化环境与市场秩序——中国市场经济的文化透视》，《学术研究》2002 年第 7 期。

② 《马克思恩格斯选集》第 4 卷，人民出版社，1995，第 701 页。

响。实现劳模文化转型发展，将会为东北老工业基地经济发展注入新的活力，促进一系列新兴产业发展和第三产业发展，促进经济结构转型升级，知识型、技能型、创新型劳模品牌企业将带动地区经济发展。转型后的劳模精神，将起到引领作用，激发广大劳动者的劳动热情，从而带动经济的发展，为经济的发展提供精神动力。

马克思指出“如果从观念上来考察，那么一定的意识形式的解体足以使整个时代灭亡。”① 恩格斯也指出：“文化上的每一个进步，都是迈向自由的一步。”② 这就充分说明了意识形态的政治功能。意识形态不但会使社会机制发生量变，在一定社会历史条件的作用下还会促成其发生质变，最后推动原有社会机制不断改革，瓦解、消亡不适应社会发展的社会机制，因此意识形态是政治变革的重大推动力。劳模文化属于一种意识形态，同样具有相同的政治功能。随着劳模文化的转型发展，东北老工业基地的思想观念更加符合时代发展的需要，由此带动社会机制的变革，使政治在变革中不断地完善自身、改革弊病，以适应文化发展的需要。以文化的发展，推进政治的发展，营造良好的政治生态环境。

老工业基地劳模文化的转型发展促进了老工业基地整体文化振兴。东北老工业基地的劳模文化是东北文化的重要组成部分，这些文化相互促进、相互影响。思想观念是构成文化的一项重要因素，处于重要的地位。劳模文化的转型发展提倡创新理念、开拓思维。随着这种观念的不断深入，促进人们的思想观念逐渐变化，由保守到开放，由僵化到灵活，实现思想观念的解放发展。文化产业是构成文化的又一重要因素，对文化的传播与发展产生重要的影响。劳模文化的转型发展提倡第三产业的发展，重视文化产业的发展可帮助东北地区改变仅仅依靠资源发展的现状。劳模文化的转型发展不仅提倡无私奉献，更加重视公平与普惠，建立更加公平与普惠的公共文化服务体系，使公共化产品根据大众的需求进行供给，文化设施建设更加面向农村、偏远地区等。劳模文化的转型将带动整体文化产业的全局发展。

---

① 《马克思恩格斯全集》第30卷，人民出版社，1995，第539页。

② 《马克思恩格斯选集》第3卷，人民出版社，1995，第456页。

老工业基地劳模文化的转型发展将为老工业基地人民自身发展提供精神动力。劳模文化虽然属于精神范畴，但是它可以依附于语言、制度等文化载体之上，形成一种地区独有的劳模文化环境。在这种劳模文化的环境作用下，其倡导什么、认同什么，就会对生活于其中的人产生同化的作用，潜移默化地影响人们的价值观、审美观、是非观、善恶观。劳模文化转型形成什么样的新的文化模式和文化精神，都会对老工业基地人的发展产生重要的影响。新的劳动价值观、新的劳模精神、新的劳模形象、新的劳模品牌，将会共同发生作用，为老工业基地的劳动人民提供不断努力和进取的方向，成为广大劳动者寻求突破的精神动力。

2. 劳模文化转型是解决东北老工业基地社会矛盾的内在要求

东北老工业基地劳模文化的转型发展是解决重工业产业发展与新兴产业发展之间矛盾的需要。东北地区最初以其发达的重工业而闻名全国，为国家的发展做出过突出的贡献。但是长时间的开发，导致资源枯竭和环境恶化，这严重影响东北地区的可持续发展。东北地区急切需要发展新的产业，改变经济结构，实现各种产业的协调发展。但是重工业产业的发展与新兴产业的发展之间存在一定的矛盾。东北老工业地区仍然把主要投资、发展重点放在重工业上，还不能跳出长久以来重工业所形成的发展模式和思维模式，这导致模式僵化，给新兴产业的发展带来阻碍。劳模文化的转型发展，将会促进人们思想观念的解放，以更加积极主动的态度对待新兴产业的发展，以更加包容的心态接受新兴产业，以更加乐观的心态看待新兴产业的发展。以传统重工业的发展协同带动新兴产业的发展，以新兴产业的发展促进传统重工业的升级，继而协调两者之间的关系，促进两者共同的发展。

东北老工业基地劳模文化的转型发展是解决部分产品与服务跟不上群众的需求之间矛盾的需要。在党的十九大开幕式上习近平总书记作出全新判断，中国特色社会主义进入新时代，我国社会的主要矛盾已经转化为人民日益增长的美好生活需要和不平衡不充分的发展之间的矛盾。人民群众的需求提高了，而产品质量与服务还不能满足人民的需要，供给侧改革方面有待加强，此类矛盾在东北地区尤为突出。长期以重工业为主，忽视第三产业、高新技术产业的发展，使得东北地区的第三产业、高新技术产业的发展水平不高，产品质量、产品功能、服务质量仍然有较大的提升空间。随着经济的发展，人们的物质生活水平不断提高，更需要高质量、高层次的服务，而劳模文化的转型能在一定程度上缓和两者之间的矛盾。随着知识型、技能型、创新型劳模品牌企业不断的发展，产品质量将得到不断提高，产品功能将得到不断扩展，服务也将更加人性化，满足人们对于产品、服务的需求。随着劳模精神的不断丰富，创新和争创一流的理念会更加深入人心，这都将在侧面促进产品质量的改善和产品的不断创新，更好地满足人们对美好生活的需要。

东北老工业基地劳模文化的转型发展是解决地区人民迫切希望发展与发展缓慢之间矛盾的需要。东北（辽宁）老工业基地曾作为“共和国长子”为国家的发展做出过突出贡献，因重工业的发展改善了地区人民的生活质量，提高了人们的生活水平。但是近些年来东北地区的经济不断呈现下滑趋势，落后于全国的平均水平。东北老工业基地地区的人民迫切希望改变这种落后的状态，希望东北地区再次发挥其在全国的重要作用。为此，政府不断地进行改革，不断地给予政策上的支持；企业尤其是国有企业不断地进行改革；各高校深入研究，寻找解决的对策。这些都是人们迫切希望改变现状，为能实现东北老工业基地振兴所做出的努力。但是经过几年的努力，东北老工业基地的发展仍然缓慢，经济发展速度处于较低的水平，总支出远远大于总收入，远没有达到人们期望的水平。这就使得两者之间的矛盾更加尖锐，人们对于老工业基地的振兴充满疑虑。劳模文化的转型发展，将在一定程度上缓和两者之间的矛盾。劳模文化的转型发展将缓和人民迫切希望发展与发展缓慢之间的矛盾，缓和重工业与新型工业之间的矛盾，缓和部分产品与服务跟不上群众的需求之间的矛盾，将会带动东北老工业基地经济的发展，带动东北地区整个产业的发展，从而提高发展速度，满足人民发展的需要。

3. 劳模文化转型是建设知识型、技能型、创新型劳动者大军的需要

党的十九大报告强调，要建设知识型、技能型、创新型劳动者大军，弘扬劳模精神和工匠精神，营造劳动光荣的社会风尚和精益求精的敬业风气。建设知识型、技能型、创新型劳动者大军是整个社会的发展要求，也是实现新发展的要求。随着时代不断的进步，科学技术不断的发展，新时

期的劳模是科学技术的引领者，是现代化的推动者，是与时俱进的劳动模范，在实现科学技术创新、企业发展模式的转变等方面发挥了重要作用。因此新时代的劳模对社会的发展具有重要的作用。东北老工业基地作为劳模文化的代表地区，理应发挥先锋模范作用，为整个社会优先营造劳动光荣、精益求精、创新创造、争创一流的社会风气。但是东北老工业基地现在的发展状况并没有发挥这样的先锋模范作用，东北老工业基地劳动者素质与东北地区经济发展不能完全相适应。东北老工业基地历史上的劳模文化更加侧重的是艰苦奋斗、自力更生和踏实肯干，而进入新时代以后的劳模文化更加强调的是在以往的基础上实现创新性的、引领性的和飞跃性的发展。然而，东北老工业基地知识型、技能型和创新型劳动者的引领示范作用发挥得还不够，大部分劳动者的积极性、主动性和创造性没有真正被调动起来，严重影响新型劳动者大军的建立。东北老工业基地若想实现全面振兴，实现东北经济的快速发展，离不开高素质的劳动者这一重要的人力资源。

东北老工业基地劳模文化的转型发展将有利于知识型、技能型和创新型劳动者大军的建立。随着劳模文化的转型发展，劳模文化所包含的内容也将实现转型发展，更加符合新时代社会发展的需要。随着劳动价值观的转变，越来越多的人热爱劳动，通过劳动实现自己的人生价值，更加自觉地劳动，在自己的工作岗位上敬业奉献，在劳动的过程中创造自己的价值，同时为社会做出贡献。通过劳模精神内涵的不断深化，劳动者在艰苦奋斗、爱岗敬业和脚踏实地工作的基础上更加重视创新的作用，在自己的劳动领域内争创一流、追求卓越。劳模精神带动人们更加主动地学习知识、学习技术、学习科技，从而不断提升自己的知识水平和劳动技能。通过老劳模新形象的树立，更加积极地树立新劳模，带动人们向劳模学习的热情，形成人人都争当劳模、个个都向劳模学习的风气。通过新的劳模品牌的树立，推动新兴产业的发展，使高新技术产业、第三产业能够得到更多的发展机会，使这类产业进入人们的视野，用这类产业的劳模人物为社会注入活力。通过这些内容的转型，广大劳动者的观念将得到转变，努力的方向会更加明确，自身的定位会更加准确。这一系列的发展，都会直接或者间接地推动知识型、技能型和创新型劳动者大军的建立，营造出劳动光荣的社会风尚和精益求精的敬业氛围，从而推动东北老工业基地的振兴。

三　东北老工业基地劳模文化转型的路径

（一）树立新的劳动价值观

劳模文化的转型首先要通过人们劳动价值观的转变。马克思认为：劳动不仅是谋生的手段，更是通向客观世界与主观世界的媒介，也是实现人性至美至善、彻底自由的必由之路。尽管在这一过程中会出现曲折、矛盾甚至困境——迄今为止人类所面临的最大困境就是资本主义劳动方式所造成的人的全面异化——但随着异化的克服（同样需要诉诸劳动方式、生产方式的变革）人类将进入一个更为文明进步的阶段。[①] 劳动的异化使人们的劳动成为强制性劳动，人与自己的本质相异化，大多数的劳动者是不情愿的劳动，是为自己和家人的生计不得已而为之的劳动。由于被迫劳动，劳动者鲜有积极性、主动性、创造性，无法认识到通过自己的劳动就能够实现自身彻底自由，而把劳动看成是制约自身的因素。因此劳模文化的转型首先要实现劳动者劳动价值观的转变，使劳动成为人们自由自觉的劳动。引导广大的劳动者通过生产实践，创造自己的思想观念、交往方式，使广大劳动者在劳动生产中充分认识到自身的价值，发挥自身的特长和聪明才智，将自身全部精力投入到自己的工作中，改变消极落后的劳动价值观，争当劳模，在生产实践中感受到快乐，通过自身的劳动实现自身的自由。

（二）创新发展劳模形象与劳模精神

劳模文化的转型还要通过劳模形象、劳模精神的创新发展来实现。在老工业基地的发展历程中从不缺少劳模，曾出现过成千上万的劳模。但是劳模形象比较固定，基本属于艰苦奋斗、吃苦耐劳的劳模形象。在如今高速发展的社会，这样的劳模形象远不能适应社会的发展。因此，就要在老工业基地树立多元的劳模形象，从老劳模中发现新形象，更加积极地树立新的劳模形象。我们已经进入社会主义新时代，要宣传与发扬的劳模形象

---

① 转引自于春玲《马克思劳动观视域下的社会主义核心价值观认同》，《思想教育研究》2017年第12期。

应该是与时俱进、追求卓越、创新创造的综合性劳动者。因此，与劳模形象有密切关系的劳模精神需要创新性发展，不能再一味坚持历史上保存下来的劳模精神，要把劳模精神与时代的发展需求、人们的愿望结合起来，实现劳模精神的与时俱进，以此适应老工业基地的转型发展。党的十八大后，习近平总书记肯定了“爱岗敬业、争创一流、艰苦奋斗、勇于创新、淡泊名利、甘于奉献”这一新时期劳模精神的基本内涵。据此，东北老工业基地要扩展本地区的劳模精神的内涵，不仅要爱岗敬业、艰苦奋斗、淡泊名利、甘于奉献，更要争创一流、勇于创新，以更加积极主动的进取面貌迎接巨大的挑战，以更加饱满的精神状态迎接东北老工业基地新一轮的复兴。

（三）塑造新型劳模品牌

劳模文化的转型最后要通过劳模品牌的塑造。传统意义上的东北老工业基地劳模品牌更多地集中在资源型、技能型的企业，而很少涉及高新技术产业、第三产业等领域，这与东北老工业的发展历史有很大的关系。同时劳模品牌相对固定在某些企业，没有形成集中的劳模品牌企业群，分散稀疏，不利于发挥群体效应。大多数的劳模品牌是由某一个劳模所带动形成的，缺少后继力量。随着社会的发展，必须从更加丰富的层次上树立劳模品牌，不仅要有技能型的劳模品牌企业，也要有知识型、创新型的劳模品牌企业，使劳模品牌遍布传统产业和新兴产业，以此带动各行各业的发展，从而促进地区的发展。不同的劳模品牌可以相互联合，通过共同合作，获得最大效益，形成有一定规模的劳模品牌群，形成既有单个企业的劳模品牌特色，又有群体品牌共性的品牌效应。劳模品牌的不断提升塑造，可促使东北老工业基地的劳模品牌摆脱资源型的限制，形成全方位、多层次的劳模品牌。

四　东北老工业基地劳模文化转型发展的保障

（一）加强制度建设，营造良好的政治生态环境

东北老工业基地劳模文化的转型发展离不开良好的政治生态环境。良好的政治生态环境能够为劳模文化的转型发展提供良好的制度保障。“腐败

是经济发展的毒瘤，极易侵害地方营商环境”①。东北地区的政治生态问题能否得到解决既关乎劳模文化的转型发展能否取得成功，也关乎东北老工业基地新一轮振兴能否实现。解决这一问题的关键首先在于领导干部的模范作用和洁身自好。各级领导干部要管住手，不贪不拿，不争名夺利，严格要求自己，为群众干实事，坚决反对形式主义、官僚主义、享乐主义、奢靡之风，做人民群众的好干部，做劳模精神的践行者，做改革的推动者。推进干部作风转变，为个人的发展提供平等公正的机会，为企业的发展提供竞争的机会。这是转变领导干部作风问题的第一步。其次，要加快政府职能的转变，由管理型政府向服务型政府转变。东北地区长时间受到计划经济的影响，政府长期掌握着本应该是由市场进行配置的资源，致使市场的作用发挥少。政府管得多，不敢放手，放不了手，导致市场经济发展缓慢，非公有制经济发展缓慢，作为市场主体的企业，创新创造的精神得不到充分发挥。因此，政府必须要转变职能，由管理型政府向服务型政府转变，提高服务水平，放手发动群众和企业，充分发挥市场的作用，完善社会公共服务，为个人与企业的发展提供更加优质的服务。最后，政府要制定合乎实际的政策，对新事物的发展给予政策上的支持。无论是个人的发展还是企业的发展，乃至社会的发展，都要有政策的支撑，劳模文化的转型同样需要有相关政策的支撑。

通过净化政治生态环境，塑造良好的政治生态环境，可以为劳模文化的转型提供相应的制度支撑。政治环境的塑造一方面可以引领劳模文化的转型方向，使其走在正确的道路上，不走老路，不走歧路，始终沿着中国特色社会主义道路前进，与社会主义核心价值观相适应；另一方面可以为劳模文化的转型发展扫除障碍，提供基础设施。新事物的出现总会触碰一些人的既得利益，受到传统势力的阻碍，影响其成长壮大。有了政治上的导航，政策上的支持，就会减少旧事物对新事物的阻碍作用，使劳模文化正常成长。

---

① 黄群慧、史丹等：《2016中国工业发展报告——工业供给侧结构性改革》，经济管理出版社，2016，第426页。

（二）转变经济发展方式，助推劳模文化的转型发展

经济是基础，经济决定文化。因此要实现东北老工业基地劳模文化的转型发展，就必须转变经济发展方式，用经济带动劳模文化的转型发展。习近平总书记在参加十二届全国人大三次会议吉林代表团审议时指出，东北等老工业基地振兴发展，不能再唱“工业一柱擎天，结构单一”的“二人转”，要做好加减乘除。加法——投资、需求、创新，减法——淘汰落后产能，乘法——创新驱动，除法——市场化程度。现在加法多、其他少，亟待补课。为此要建立现代产业体系，加快推进企业兼并重组。对于耗能大、污染大、效益低的企业要及时淘汰，加快淘汰落后产能和“僵尸企业”，提高企业的效益和技术含量。东北地区国有企业发展的历史悠久，并形成了一定的规模，但是也存在种种问题。因此国有企业深化改革，要“借东风”，激发内生动力，在竞争中增强实力。同时要大力发展非公有制经济和中小企业，增强市场经济的活力。更重要的是要协调好第一产业、第二产业、第三产业之间的关系，促进三者的协同发展，共同推动社会的发展。

以往的东北老工业基地的发展，主要依靠第二产业的发展，而第一产业、第三产业发展水平不高，极大地影响了经济的发展。要协调三者之间的关系，为劳模文化的转型发展营造良好的经济环境。要加快发展现代农业，巩固农业基础地位。为此要加强农业和农村基础设施建设，保证农村的基本生产，提高便利程度。要大力发展现代农业，加大研发力度，提高农业的科技含量，力促农业增产、农民增收，保障基本供给。要积极稳妥地推进第二产业的发展。通过不断改革，节约资源，保护环境，实现可持续发展。要加快发展现代服务业，健全现代服务体系，加强服务培训，提高服务质量，满足人们对更高服务质量的需求。要调整经济的发展方式，不能只有工业得到发展，以实现第一产业、第二产业、第三产业的协同发展，要实现创新性发展、可持续的发展。由经济结构的转变带动劳模文化的转型发展。

（三）优化文化环境，实现劳模文化转型发展

文化具有人文性，文化的主体是人，文化环境在本质上指向人，人在

文化环境中具有重要的作用。劳模是劳模文化的重要载体，同时也是劳模文化的主体，要实现劳模文化的转型发展离不开对劳模的研究，离不开对劳模的认知、劳模评价标准的认知和劳模精神的转变。与此同时也受到文化事业、群体文化、文化市场建设等其他文化要素的影响。

首先要转变对劳模“神化”的认知。近年来不断加强对劳模的宣传，创造了优良的社会氛围，提高了人们向劳模学习的积极性。但是在宣传的过程中出现了一些问题。过分夸大劳模的工作，过分夸大劳模的精神品质，使得劳模成为一种无法企及的目标。树立劳模必须要有群众基础，其先进事迹必须是真实可靠的、群众公认的。宣传、推广典型要实事求是，力戒浮夸，要一分为二，切忌护短。[①] 对劳模也要开展必要的教育、培养工作，使之严格要求自己，不断地提高自己，防止骄傲自满和脱离群众。使人民群众相信，劳模与千千万万的劳动者是一样的，是真实存在的，是经过自身努力可以达到的。其次要转变对劳模评价标准的认知。既要认识到立足自己的本职工作、敬业奉献、高尚品质、做出突出贡献是评价劳模的标准，更要认识到不断研发、创新创造、立足群众也是评价劳模的标准。今天我们进入到中国特色社会主义新时代，我们更加重视可持续发展、绿色发展，建设美丽中国，把生态文明建设摆在重要的位置上。因此，对生态文明建设做出重大贡献的劳动者也是劳模。我们要突破以往对劳模评价标准的认知局限，树立新时代的劳模标准。最后要转变对劳模精神的认知。党的十八大后，习近平总书记肯定了新时期劳模精神的基本内涵，即“爱岗敬业、争创一流、艰苦奋斗、勇于创新、淡泊名利、甘于奉献”。这就更加明确了劳模精神的内涵，为劳模精神指明了发展方向。鉴于此要加大宣传力度，普及新的劳模精神内涵，使人们改变对传统劳模精神的认知。

各项文化事业是文化环境的重要因素，在满足教育对象的精神文化需求、提高教育对象的思想品德水平方面具有重要作用。[②] 劳模文化的转型发展离不开各项文化事业的发展。因此要大力发展各种文化事业，全方位满足东北老工业基地人民群众的各种文化需求，要不断提高各项文化事业的

① 郑永廷：《思想政治教育方法论》，高等教育出版社，2010，第152页。

② 陈万柏、张耀灿：《思想政治教育学原理》，高等教育出版社，2015，第118页。

水平，使其适应人民群众不断增长的更高水平的文化需求。将劳模文化渗透在各种文化事业中，使人民群众在享受文化时，潜移默化地接受劳模文化。群体文化是文化环境的重要组成部分，在文化的发展过程中起到越来越重要的作用。企业文化、校园文化、社会文化、军营文化等都是一种群体的文化环境，是一种亚文化环境，对生活在这种群体文化中的人们产生最为直接的影响。将受众面广的群众文化与劳模文化的转型发展相联系，将新的劳模文化通过群体文化不断地进行宣传，使人们在群体生活中接受新的劳模文化。要抓好文化市场的建设，优化文化市场环境。我国的文化市场目前还存在一些问题，比如黄色书刊和音像制品泛滥，歌舞厅、游戏厅不符合管理规范，这些都严重影响广大人民群众的身心健康，对文化环境造成了不良影响，不利于优秀文化的传播。为此要加强文化市场的建设和管理，不断地进行社会主义先进文化的宣传，引导人们树立正确的思想文化理念；制定完善的规章制度，有章可循，规范市场行为；“扫黄打非”净化文化市场环境；大力支持各种健康的文化产品和文化服务的发展。以此净化文化市场，为劳模文化的转型发展提供良好的文化环境。

东北老工业基地的劳模文化转型发展关乎整个东北地区的振兴，是东北老工业基地全面振兴的精神动力，为此要把劳模文化的转型放在更加重要的位置。无论是个人、企业还是政府都要为实现劳模文化的转型发展做出相应的改变，为劳模文化的转型发展营造良好的环境。要努力通过劳模文化转型发展带动经济的发展、产业结构的调整和政治的清廉高效，努力实现老工业基地各项事业的繁荣发展，建设一个美丽的东北地区。

第二节　东北老工业基地劳模文化资源的开发利用

毫无疑问，东北老工业基地的劳模文化在计划经济时期对我国经济的发展和生产力水平的提高发挥了重要作用，做出了巨大贡献。在新时期，劳模文化的时代价值仍然不可否认，劳模文化的转型发展在促进东北老工业基地重新焕发生机与活力方面具有非常重要的意义。将劳模文化作为一种资源进行开发利用，既是劳模文化适应新阶段并促进自身发展的需要，也是东北老工业基地在新时期进行转型升级的重要途径。

老工业基地劳模文化资源的开发和利用是相互作用、不可分离的，二者统一于东北老工业基地的劳模文化建设之中。劳模文化资源的开发是利用的基础，开发的目的是更好地利用；劳模文化资源利用是开发的补充和延续，利用的效果将进一步促进新的劳模文化资源的开发；劳模文化资源开发中蕴藏着利用，劳模文化资源在利用过程中也预示着新的劳模文化资源的开发。二者在振兴东北和实现“中国梦”、宣扬社会主义核心价值观教育以及推进东北地区企业转型升级顺利进行等方面相辅相成、缺一不可。

一　东北老工业基地劳模文化资源开发与利用的重要意义

老工业基地劳模文化资源是指在东北老工业基地的社会实践活动中，体现劳模们优秀品质、高尚道德、坚定信仰以及集体主义价值观的一切精神要素及载体，包括劳模价值观、劳模精神、劳模形象、劳模品牌等内在资源。具体来说，劳模文化的理论和思想、劳模事迹、劳模故事、劳模评选制度、劳模精神价值评价、赞美劳模精神的诗歌和标语、带有地域特色的劳模精神、劳模示范基地等都包括在内。开发与利用老工业基地的劳模文化资源既有利于劳模文化资源理论的发展，能够提高劳模文化资源的利用效率，也是当前东北老工业基地进行社会主义核心价值观教育、凝聚实现“中国梦”的力量和推进企业转型升级顺利进行的有效途径，更是将劳模文化与时代相结合，体现新时代风貌的价值所在。

（一）开发利用劳模文化资源为实现中国梦凝聚力量

“整个所谓世界历史不外是人通过人的劳动而诞生的过程。”[①] 这是马克思对劳动的看法。马克思强调，劳动是创造价值的唯一源泉，劳动在整个历史创造过程中发挥着基础性的作用。在社会主义现代化建设的新时期，无论是哪一个行业的劳动者，他们的劳动都能促进社会生产力的发展，都能带来社会财富。尤其是作为劳动者中的精英的劳模们，更是在劳动者行列中树立了先进的模范榜样，激励着一批批劳动者在自己的岗位上最大限度地发挥自己的作用。东北老工业基地在中华人民共和国成立初期，在国

① 《马克思恩格斯全集》第3卷，人民出版社，2002，第310页。

家建设方面做出了巨大的贡献。当时在各行各业涌现出的众多劳模，塑造了东北老工业基地创新和艰苦奋斗的品质，奠定了东北老工业基地在我国建设方面的重要地位。现如今，“中国梦”的实现同样需要东北老工业基地继续发挥工业优势和劳模优势，这既是重新振兴东北老工业基地的重要途径，也是为实现“中国梦”做出的重要贡献。实现“中国梦”同样需要劳模们的事迹树立标杆，东北老工业基地需要结合劳模们的典型性打造地域特色，需要赞美劳模的诗歌、标语振奋精神，需要实干、苦干、巧干的劳模们带动一批批劳动者发扬劳模精神和创造财富，真正从实实在在的劳动中汲取养料，为中华民族的伟大复兴凝聚文化力量。正如习近平主席强调的：“劳动是一切成功的必经之路。当前，全国各族人民正满怀信心为实现‘两个一百年’奋斗目标而努力。实现我们确立的奋斗目标，归根到底要靠辛勤劳动、诚实劳动、科学劳动。我们要在全社会大力弘扬劳动光荣、知识崇高、人才宝贵、创造伟大的时代新风，促使全体社会成员弘扬劳动精神，推动全社会热爱劳动、投身劳动、爱岗敬业，为改革开放和社会主义现代化建设贡献智慧和力量。”①

（二）开发利用劳模文化资源为社会主义核心价值观教育提供活素材

当前的多元文化使得人们的价值选择也呈现多样化，人们对什么是真的、善的、美的、丑的、恶的东西缺少统一的评价标准，存在价值选择的困难。因此，有人对劳模这一具有“实干精神”的群体投以鄙视的目光，甚至觉得在科学技术发达的今天，不需要傻干的劳模。社会上大多数人也越来越追求物质利益，不愿干苦活、累活，在就业择业时，不愿选择与自己学历水平不相适应的职业，不愿去偏远地区，看重的是体面的和薪资高的工作。这些现象导致社会中的一些劳模文化资源的缺失及浪费，如劳模不受关注、劳模事迹不为人知、劳模示范基地闲置等。

同时，东北老工业基地存在精神文化、劳动者素质不适应生产力发展需求，企业家精神缺失等一系列问题。因此，产生过众多劳动模范和拥有丰富劳模文化资源的东北地区，可以利用劳模文化资源，尤其是各个时期

---

① 习近平：《习近平在乌鲁木齐接见劳动模范和先进工作者、先进人物代表的讲话》，《光明日报》2014 年 4 月 30 日。

的劳模精神，通过继承劳模精神、弘扬劳模文化，增强东北地区区域文化自信。习近平总书记在庆祝“五一”国际劳动节暨表彰全国劳动模范和先进工作者大会上的讲话中指出，劳模精神“生动诠释了社会主义核心价值观，是我们的宝贵精神财富和强大精神力量”[①]。可见，劳模群体所彰显的爱国、敬业、吃苦耐劳等品质和为了追求梦想而艰苦奋斗的精神与社会主义核心价值观在内容、目标导向、价值选择等方面有着高度的内在一致性。所以，开发和利用与劳模精神相关的劳模文化资源是东北老工业基地充分发挥劳模资源优势并进行社会主义核心价值观教育的活素材。更重要的是，劳模们在岗位一线艰辛奋战的动人场景和忘我敬业作奉献的形象更能激发当代青年的内心情感，使他们能更好地投入自己的工作，通过自己的实干和努力来凝聚自己的信心和信念，为社会主义核心价值观的培育和践行增添活力。

（三）劳模文化资源是助推东北企业转型顺利进行的精神动力

改革开放以来，虽然我国取得了令世人赞叹的成就，但是市场经济的发展也给我国带来了一系列环境、生态、创新、创造等方面的问题。随着市场经济的发展，东北老工业基地也面临着突出的问题，比如资源型城市产业结构偏向重工业，国企的比重过高，重视物质投入和数量扩张，转型改革相对滞后，市场化程度与发达地区还有差距，等等，因此东北振兴也顺应时代改革应运而生。更重要的是，党的十八大以来，我国提出了全面深化改革的战略任务，这次改革要解决的问题比之前更复杂、更艰巨，改革的成功与否将关系我国“两个一百年”奋斗目标和中华民族伟大复兴的“中国梦”能否实现。因此，这次改革已经进入攻坚区、深水区，在这一背景下，东北老工业基地进行深化改革时间非常紧迫，尤其是企业将面临巨大的挑战，转型升级成为它们的必然出路。人无精神不立，国无精神不兴。同样，对于东北老工业基地来说，国家的高度关注，完备的工业体系和科技人才储备是东北地区实现全面振兴目标的优势所在，而企业要想在市场竞争中取胜，在改革的洪流中屹立不倒，就需要充分发挥人才储备优势，

---

① 习近平：《在庆祝“五一”国际劳动节暨表彰全国劳动模范和先进工作者大会上的讲话》，人民出版社，2015，第4页。

尤其是劳模的带头、模范、先锋作用，用劳模文化来凝聚企业所有职工的力量，加大创新力度，创造自己的企业品牌。改革开放前，东北老工业基地的劳模的确为企业创造了巨大的精神和物质财富，为企业文化注入了新鲜的血液。回顾过去的劳模，是为了更好地着眼于未来，当今仍然要继续重视劳模文化的影响力、凝聚力。在转型升级这一关键时期，开发利用劳模文化资源既为东北老工业基地的企业发展指明了方向，也为企业职工展现自我提供了宝贵机会。因此，企业抓住劳模吃苦耐劳、爱岗敬业、勇于创新、甘于奉献等品质，注重劳模及劳模精神的价值，充分发挥劳模文化的作用，挖掘劳模文化资源，如开展劳模讲座，宣传劳模事迹，寻找企业原来的劳模代表，组织人力对劳模精神理论进行整理和系统概括进而丰富劳模文化，等等，既可以带动、鼓舞和激励企业其他职工，也为企业凝聚了一种积极进取、昂扬向上的精神力量；既可丰富企业文化，也为企业创造了更多的价值；既使企业形成一种人人学劳模、个人赶劳模当劳模的氛围，也为企业创造劳模文化品牌奠定基础。劳模是企业职工的先进代表，劳模文化资源在为企业转型升级凝聚职工力量、丰富企业文化、打造劳模品牌、增添企业灵魂等方面提供精神动力，形成企业独特的象征符号和无形资产，必将助推东北老工业基地的企业转型升级顺利进行。

二　东北老工业基地劳模文化资源开发的途径

“开发”一词，在汉语中有这样一种解释：用垦殖、开采等方法来充分利用荒地或自然资源。[①] 这是针对自然资源的。随着人类社会的演变和推进，生产力的进步，科技的发展，人类文明程度日益提高，人类对精神文明的追求也日益加强。因此，由人类创造的文化资源成为人们开发的对象。对作为中国优秀文化资源一部分的劳模文化资源加强开发，既是对历史传统的弘扬，也是对中国共产党创造的先进文化的进一步传承。老工业基地的劳模文化更是在中华人民共和国成立初期产生了重要的作用，对其进行开发更能彰显我们党和国家在新时期对劳动的尊重。东北老工业基地劳模文化资源的开发主要是指针对劳模在东北老工业基地所做出的贡献，根据

① 《辞海（缩印本）》，上海辞书出版社，1979，第619页。

当前东北地区社会文化的发展需要以及破解东北地区转型发展的问题，对潜在的劳模文化资源中蕴藏的与劳模有关的价值观、精神、形象、品牌等文化资源进行深度挖掘，使其成为现实的可利用的资源，或者重新挖掘、重组整合已经存在的劳模文化资源的未知功能，使其潜能得到充分发挥，提高劳模文化资源的时代性和先进性，进一步服务于东北老工业基地的动态过程。概括起来，劳模的开发工作实质上就是增加劳模文化资源数量和质量的活动，主要包含两层含义：一是开发的主体，主要包括东北地区党政领导人及东北振兴项目负责人、高校和科研院所、企业；二是开发的对象，既是对现有的劳模文化资源进行深度挖掘，也是指发掘具有潜在价值的新的劳模文化资源。此外，劳模文化资源的开发还包含三个阶段。一是搜集整理阶段。这是劳模文化资源开发的前提条件。只有在搜集劳模文化资料并进行整理的过程中，才能对劳模文化有初步的认识，并形成自己的思想观点。二是挖掘提炼阶段。在第一步搜集整理阶段的基础上，对劳模文化资源进行挖掘提炼，才能使劳模文化资源的本质得到阐释，从感性认识上升到理性认识。三是改进创造阶段。这是劳模文化资源开发的高级阶段。在第二步挖掘提炼的基础上，顺应时代的发展，对劳模文化进行改进，赋予劳模文化新的时代内涵，运用现代技术手段对劳模文化资源进行创造，使劳模文化资源在新时代得到进一步开发的过程中焕发更新更强的活力。

东北老工业基地在计划经济时期为我国的经济建设做出了巨大的贡献。但是，随着市场经济的发展和改革开放的进一步深入，东北地区以老工业基地为傲的观念深入人心，受计划经济影响较深，发展体制和模式逐渐僵化，观念保守，地方保护主义较盛行，思想比较传统，这在一定程度上制约和影响了东北地区转型发展和进一步实现现代化的目标。而为东北老工业基地提供巨大精神动力的劳模文化资源在开发过程中也出现了一些问题。第一，劳模文化资源意识缺乏。所谓资源意识，就是价值意识或财富意识，也就是对资源的功能和价值的认识以及对资源持有的态度。东北地区劳模文化资源意识淡薄，党政领导人及东北振兴项目主要负责人对劳模文化的价值认识不到位，没有充分意识到劳模文化是一种优质的、独特的、有效的资源，尤其对东北地区独特的劳模文化资源在东北振兴方面的重要作用重视不够，即使有的市区重视，也只是注重本市的劳模文化资源，没有与其他东北兄弟地区的劳模文化资源进行交换，取得互补优势，实现资源共享。或者只是表面宣传，没有将劳模文化切实内化于社会中和市民心中。第二，劳模文化资源开发的科技手段运用不足。当前社会，科学技术已取得突飞猛进的发展，信息化、数字化已经深刻影响着人们的生活方式和思维方式。但是，科技手段在东北地区劳模文化资源开发过程中没有得到充分利用，主要表现在劳模文化资源开发的技术含量较低。网络大多服务于广大人民的生活娱乐方面，在劳模文化资源开发方面，网站建设不完善，只有对一些突出的劳模事迹进行宣传和报道的页面，或者将上级下发的学习文件搬到网站，浏览和点击人数少，很少有人进行互动交流。此外，没有运用网络技术等手段打造劳模文化产品和形成新的劳模文化产业，进而更新劳模文化的内容和形式。从长期来说，这使得劳模文化资源在广大的空间范围内被闲置而没有得到进一步开发。第三，劳模文化资源开发存在重复现象。在东北地区，提起劳模，大家想到的可能就是雷锋、王进喜、焦裕禄、孟泰等建设社会主义时期的劳动者，对新时代的劳模除了郭明义之外，人们知道的很少。在开发劳模文化资源时，只是通过不同的形式对人们熟知的劳模进行宣传、纪念和报道，没有重视其他劳模。虽然在大梨树村的村史馆宣传毛丰美的事迹，但是只有当地党员知道毛丰美的事迹，其他人员和东北地区之外的人对毛丰美知之甚少，没有结合其他劳模文化资源打造与之相关的新的劳模品牌并形成新的劳模文化产业。

东北地区因地域广博、浓厚的工业文化底蕴而形成的独特的劳模文化，在当今仍然是全面振兴东北老工业基地的主要文化动力。面对东北地区劳模文化资源开发存在的问题，转变思想观念，充分利用现代化的信息网络技术，跟上时代潮流，坚持开放原则，加强校际校企合作，是解决问题的途径，也是促进东北地区劳模文化资源开发的必要前提和准备。

（一）以转变思想观念为起点增强劳模文化资源意识

思想是行动的先导，要形成积极健康的思想，首先要对社会问题和社会现象有正确的认识，才能在此基础上采取正确的行动，进行有效的实践活动。东北老工业基地，具有雄厚的经济基础和丰富的企业文化，涌现出了许多劳模，这可以说是振兴东北老工业基地的一大优势，开发劳模文化资源就显得非常重要。因此，开发东北老工业基地的劳模文化资源，需要东北地区有关部门领导、高校、研究机构和知名企业等转变思想观念，思考老工业基地的优势，在转型发展的过程中重视文化的作用和力量，从劳模文化资源中汲取养料，通过劳模精神的内涵、劳模事迹、劳模诗歌和劳模实践示范学习基地等资源真正理解劳模文化，改变之前对劳动、劳动者和劳模精神的狭隘观念，把握新时代劳模文化内涵。负责东北振兴项目的领导者及研究劳模文化的相关负责人需要转变思想观念，对劳模文化的价值给予肯定，树立资源意识，从而引导劳模文化资源开发的实践活动顺利进行。企业充分发挥东北老工业基地的优势，在追求经济效益的同时，将劳模文化当作企业文化的一部分，加强对劳模文化资源的开发。当前有的领导将科研、技术和经济振兴作为重点，对文化、精神、思想和观念等意识形态方面的重视程度不够，尤其是对为东北老工业基地提供重大精神动力的劳模文化没有给予充分关注和重视，这对劳模文化资源的开发是非常不利的。即使有的领导意识到劳模文化资源的重要性，并加大了对劳模文化资源开发的资金投入，但也忽略了后期开发和利用效果，不重视监管，使得劳模文化资源在开发后没有真正发挥作用。此外，高校作为传授知识、培养人才、服务社会和传承文化的教育场所，也需要重视劳模文化资源的开发，将劳模文化尤其是劳模精神融入教学环节中。但是有的高校将思想政治教育理论课安排在中午或者晚上这一学生比较疲惫的时间段，再加上学生对思想政治理论课存在思想误区，使得劳模文化资源在开发意识上大打折扣。因此，高校需要转变思想观念，树立资源意识，加强对劳模文化资源的开发，为东北振兴提供智库。只有从思想观念上转变对劳模文化的看法，树立资源意识，才能为劳模文化资源的开发奠定思想基础。

（二）以网络技术为载体拓展劳模文化资源开发空间

改革开放以来，我国科学技术的发展日新月异，网络信息技术的变革更是将人类的生活方式和思维方式提升到一个更高的水平，网络日益成为人们获得信息的主渠道。尤其近几年，移动终端的出现和在全国的迅速发展更是前所未有地改变了人们获取信息的渠道，这为劳模文化资源空间的拓展提供了机遇。把握好网络这一载体，充分利用网络技术来占领新阵地，显得越来越重要。东北地区在开发劳模文化资源的过程中，政府应对劳模文化资源的开发予以技术和资金支持，运用新兴媒体，加强劳模文化宣传，促进劳模文化资源在网络技术平台中的进一步运用。一方面，推动网络媒体成为劳模文化资源开发的主要平台。运用旅游电子商务将旅游与劳模示范参观基地相结合，推动劳模示范基地景区的数字化管理，为参观者提供信息服务。将劳模文化资源的文字、图片资料和影像视频发送到网上，在网站上建立东北地区劳模文化参观展的3D体验馆，通过网络，让东北地区和其他地区的人们都可以浏览劳模文化资源。通过网络收集东北地区劳模的珍贵史料，尤其是社会主义建设时期的劳模史料，让人们重新了解劳模的劳动情形和劳模事迹，进一步丰富劳模文化资源。另一方面，利用手机媒体提高劳模文化资源开发的参与度。当前，随着科技的发展，像海报、广播、报纸、电视这些传统的媒介，越来越不能满足人民便捷化的需求，智能手机的更新换代，使得手机越来越成为交流沟通中不可替代的新兴媒体工具。手机使用用户多、携带方便、传播速度快、互动性和私密性较高等特点对于扩大劳模文化的影响力具有重要的作用，也更符合现代社会和广大人民的需求。东北地区相关政府部门可以与通信公司合作，通过手机短信或彩信的方式重点介绍劳模文化资源，比如东北地区涌现出的劳模、劳模精神、劳模品牌等劳模文化资源，利用手机报设置劳模文化资源专栏，加大东北地区劳模文化的宣传力度。同时，积极发挥微信、微博的作用，通过微博，关注人们对劳模文化资源的想法、感受和动态，通过微信公众号及时更新和推出劳模文化资源的相关信息，提高公众开发劳模文化资源的参与度。

但是，在利用网络技术的同时，要注意提高劳模文化资源开发主体的网络技术水平，使劳模文化资源能得到较好的开发，加强对劳模文化研究工作者的网络技术培训和指导，提高其网络技术水平。此外，还可以通过政府引导并创建劳模文化资源开发的数据库，对各种劳模文化资源进行分类，按类别与劳模文化相关的事迹、课程、宣传报道、雕塑照片和绘画等结合。

（三）以建立研究队伍为支撑促进劳模文化资源开发

人类文明的发展历程已经证实劳动是推动社会前进的车轮。辛勤劳动造就了中华民族薪火相传和生生不息的重要基因，劳动精神铸就了中国人民勤劳、质朴、坚韧的内在民族品质，随着中国共产党对劳模及劳模精神作用的重视，劳模价值观、劳模精神、劳模形象、劳模品牌等劳模文化成为我国优秀文化的一部分。习近平主席在多次讲话中提到劳模精神，足以看出国家对劳模精神的重视。因此提升劳模文化资源研究者的素质非常有必要。政府充分发挥引导和领导作用，制定相关优惠措施，与其他产生劳模的地区加强合作，为研究者进一步深造学习提供条件；聘请有关知名专家开展有关劳模文化的报告，开拓研究者的视野，丰富他们看待劳模文化资源的角度；聘请国内网络技术专家或技术能手为研究队伍进行网络信息技术培训，提升研究队伍运用技术的水平。研究者在自身素养提高的基础上，可以根据自己的研究兴趣，利用课题研究平台对自己所在地区的劳模文化资源深入研究，在开发新的劳模文化资源过程中赋予劳模文化当地特色，发挥研究者自身主观能动性，培养其学习劳模的兴趣，养成艰苦奋斗的习惯，进而为劳模文化资源的开发奠定基础。

东北老工业基地在发展地域文化的同时，重视劳模文化的作用，深入研究东北地区产生劳模的重要原因，并继续发挥这一优势，将显得非常重要。因此，东北地区政府有关部门广纳人才，构建一支研究劳模文化资源的队伍，是符合历史需要和时代潮流的。研究队伍应充分利用科技网络平台对中国共产党成立以来东北地区在各个历史阶段所涌现出的劳模故事、劳模标语、劳模示范基地等资源等进行整理归类，对劳模文化及劳模文化资源的内涵、作用、分类、开发、利用等进行专业研究，使劳模文化资源丰富化、专业化、系统化。通过理论的研究，对打造符合当前市场经济发展要求的东北地区劳模文化产品和创新劳模文化产业提供相关的理论指导。政府充分发挥引导作用，让劳模文化资源的研究团队组织专门的宣讲队，到东北地区党政机关、企事业单位、社区等地进行宣传，使劳模文化重新得到社会的认同并深入人心。

（四）以东北老工业基地优势为依托挖掘特色劳模文化资源

根据东北地区劳模多产的地域特点，思考和分析劳模产生的原因，在政府的支持下，总结东北地区劳模文化资源的特点，挖掘新的劳模文化资源。首先，要具有劳模文化艺术作品的保护意识。东北地区劳模文化从产生到发展的过程中涌现了许多劳模，产生了许多与劳模和劳模精神相关的口号、标语，创作了许多文学作品，内容丰富，题材广泛，这些都是劳模生活面貌和道德品质的反映，可通过绘画、诗歌、散文、小说、话剧、电影、电视剧等形式对相关劳模事迹进行艺术加工，创造出新的文艺作品，用来满足广大人民的生活和文化需求。其次，扩大东北地区文艺作品的影响力。东北地区根据各地劳模文化资源特色在一些时间节点举办劳模精神展，展现劳模文化作品的魅力。最后，加强东北地区劳模文化艺术作品的独创性开发。东北地区的劳模文艺作品，尤其是革命战争时期和社会主义建设时期的文艺作品，具有非常重要的史料价值。收集并整理这些资料，有助于进一步加强对东北地区劳模精神内涵的理解，并了解劳模精神的发展历程，对于研究东北地区人民的生活、生产和思维方式具有一定的价值，进而对分析思考东北地区劳模多产的原因有一定的参考作用。劳模文化文艺作品的创新性开发就是在理解劳模文化内涵的基础上，将相关的文艺作品中凝聚的精神文化转化为物质成果，通过艺术形式将其呈现为作品，为打造东北地区特色劳模文化品牌奠定基础。

此外，高校在汇聚人才、掌握知识、聚集信息等方面有着难以比拟的优势，更是知识传授、人才培养、科学研究和文化传承的重要阵地，东北地区有着丰富的高校资源，充分发挥知识分子的作用，汇聚集体智慧，是促进劳模文化资源开发的重要途径。东北地区高校可以搜集各个时期劳模的相关资料，对他们的为学、为人、为事等方面进行走访调查，在众多劳模的对比中找到共通点，思考和分析东北地区劳模产生的原因，寻找劳模精神产生的动力之源，补充劳模文化的内容，为劳模文化资源的开发创造条件。同时，加强校际合作。高校要坚持开放的原则，打破高校间各自为伍、各自为政的状态，充分利用网络技术，建立劳模文化资源库和数字平台，通过师生交换交流、知名学者讲座报告等形式促进省内劳模文化资源的相互补充、省外劳模文化资源的相互借鉴，共同促进劳模文化资源的优势互补。

三　东北老工业基地劳模文化资源利用的途径

劳模文化资源得到开发之后，需要在实践工作中加以利用，如果只开发不利用，那劳模文化就成了闲置的资源，对东北老工业基地的振兴来说，就丧失了一次文化资源利用的机会。因此，探究劳模文化资源的利用途径既是劳模文化资源开发的目的，也是充分发挥劳模文化资源作用的途径。

“利用”一词是使事物或人发挥效能的意思。东北老工业基地劳模文化资源的利用就是指将劳模文化资源投入到东北老工业基地的转型发展中去，发挥其所具有的功能，并最终产生出实际经济效益、社会效益和文化效益的一种实践活动。劳模文化资源的开发是为了更好地利用，如果开发后没有利用或利用不充分，那劳模文化资源的开发将是毫无意义的。我们可以从以下几个方面来准确理解东北老工业基地劳模文化资源利用的内涵。首先，这一利用的过程是与老工业基地的转型发展和振兴这一实践活动的过程紧密相连的。劳模文化资源必须是一种真实的现实的可感知的资源，这才能在东北老工业基地转型发展和振兴这一活动中发挥相应作用，劳模文化的作用才能真正得到发挥，才能体现它的价值，才能作为一种资源被很好地利用。其次，劳模文化资源在老工业基地转型发展的利用过程是功能得以发挥的过程，利用的结果就是效益的产出和效率的提高。因此，劳模文化资源的利用过程至关重要，利用不好，将对最终的结果产生不好的影响。最后，利用的前提是开发，开发就需要投入一定的物力、人力、财力。因此，劳模文化资源作为东北地区文化资源的一种，在利用时需要投入，在利用的过程中应加大投入，在投入的过程中激发人们利用的激情，培养利用劳模文化资源的意识。

但是，当前东北老工业基地劳模文化资源的利用存在一些问题。第一，劳模文化资源利用方式和载体单一。针对东北老工业基地劳模文化资源的利用方式，很少有相关的著作，没有形成学习劳模和弘扬劳模文化的环境氛围。主要通过设立纪念馆的方式表达对劳模的尊重和弘扬劳模精神，比如雷锋纪念馆，只是展示雷锋的一些事迹和还原部分生活场景，没有用更多的形式来展现其中蕴含的丰富文化资源。第二，理想信念内容宣传力度不够。针对社会中严重的腐败问题，市场经济影响下的实用主义、功利主义、个人主义、拜金主义的盛行，社会上存在精神空虚、精神懈怠的问题，对中国共产党失去信心，对前途迷茫，缺少奋斗的意志，对劳动观念、劳动意识、艰苦朴素精神认识淡化的现象，缺少相关理想信念内容的宣传。

第三，利用效果不强。东北老工业基地没有充分利用劳模文化资源打造新的劳模文化产品，劳模品牌较少，相关的劳模文化产业较少，没有充分发挥东北老工业基地特色劳模文化资源的作用，这是东北老工业基地这一劳模多产地的重大损失。

面对这些问题，需要采取一定的措施，从营造良好的社会舆论氛围、开展多种形式的劳模文化宣传、培养人们的理想信念、加强校际和校企合作、打造劳模文化品牌、拓展劳模文化产业等途径促进劳模文化资源得到充分合理的利用，提高利用效率，进一步为东北老工业基地的转型发展和实现振兴的目标提供动力。

（一）以新闻媒体的正面报道为导向营造良好的社会舆论氛围

毋庸置疑，当今高度信息化网络化的时代影响着人们获取信息以及学习和生活的方式，人们的注意力似乎已经被多样化的网络媒体信息所吸引，信息量大、更新快、传播迅速、受众群体范围大，使得大部分人很难在复杂多变的信息中做出筛选并对一些事件做出正确的评价，同时新闻媒体的宣传报道也会影响人们的价值导向。

近年来，受利益的驱动，很多媒体在报道一些事件时，总是大篇幅对其负面影响进行报道，没有起到从正面正确引导舆论的作用。再加上社会中对劳模存在这样一些观点："劳模过时论"，劳模精神是社会主义建设初期我国计划经济体制下的产物，当今时代，科学技术这么发达，不需要原来"老黄牛"、"傻子"式的劳模苦干、蛮干；"当劳模吃亏论"，劳模只讲奉献、不求回报，在当代社会这样的劳模只会吃亏；"劳模官化论"，劳模评选与评选机构有利益关联，劳模精神已经失去原来真正的意义，连企业家、管理者、明星、政府领导都能当劳模，评选劳模已无意义。

面对这些观点，东北老工业基地劳模文化资源的开发，需要新闻媒体充分利用舆论宣传阵地，加强正面引导。一方面，报道既不能神化劳模，让人们感觉无法接近和效仿，也不能过度专业化，仅通过数据和专有名词来讲述劳模事迹，让人们难以看懂。新闻媒体工作者要寻找和报道真实的劳模，实事求是地报道相关劳模事迹，利用劳模精神资源展现真实的劳模生活，客观地评述劳模和他们所做的贡献，体现劳模的时代特征，展现劳模精神的现实影响力。另一方面，要加强后续跟踪报道，不要让劳模文化资源只是发挥瞬间感动的作用。“五一”国际劳动节期间，电视、报纸、广播、网络等为了抢占头版头条，竞相加大劳模评选的宣传力度，但之后有关劳模的报道鲜有耳闻，造成了人们对劳模的误解，对劳模文化的认知感下降。因此，新闻媒体对劳模作用如何发挥和劳模文化如何传播做出进一步的思考，探索新媒体时代下劳模文化资源的利用形式，对后续报道持续更新，关注劳模尤其是普通劳模的精神世界和情感生活，从细节之处入手，通过平民化的劳模报道，升华劳模文化的意义，消除社会转型时期大众心中的只有科学家、企业家等精英阶层才可以当劳模的误区，使劳模成为大众可接受的明星，营造良好的社会舆论氛围。同时，也要关注劳模品牌，通过报道劳模品牌，为社会树立正确的价值榜样，让人们知道更多的劳模以及劳模文化的影响力，让劳模及劳模文化的辐射力带动更多的劳模群体，使劳模文化资源在社会上得到充分利用，劳模文化的“含金量”得到提升。

高校要意识到劳模文化资源在思想政治教育中的重要价值，及时关注新闻媒体中关于劳模和劳模文化的正面报道。在广播、电台、校报、学校官网等媒体上报道劳模文化内容，让学生知道劳模以及劳模文化的影响力，并为自己树立正确的价值榜样，加强学生对劳模文化的认知感和认同感，使劳模文化的学习成为学校学习的一部分。通过劳模文化的学习、宣传和弘扬为东北老工业基地的振兴贡献高校智慧。

通过新闻媒体客观、真实、正面的报道，营造良好的舆论氛围，利用劳模文化资源加强人们对劳模文化的认知感和认同感，使劳模文化不失本色，不掺杂官位思想，形成人人爱劳模、人人学劳模、人人当劳模的氛围，使学习劳模文化成为社会主流和社会常态。

（二）开展多种形式的劳模文化教育，彰显榜样力量

我们党历来就有重视榜样教育的传统，劳模作为典型的榜样教育具有很好的示范作用，劳模的事迹和精神最能打动新时代的青年们，最能激发他们内心的情感。当前社会信息传播媒介越来越发达，利用多种媒介形式开展劳模文化教育将使劳模事迹更生动形象，劳模文化更富有说服力、感染力，榜样力量的作用更加凸显。要发挥东北地区各级政府的引导作用，

联合宣传部门、组织部门、文化部门等举办如何利用劳模文化资源的论坛，组织各高校和企事业单位开展宣传劳模精神的活动，如开展劳模精神征文、诗歌朗诵、演讲比赛等活动。对于研究机构，要加强研究者对劳模文化的研究，思考和分析劳模文化的价值，对劳模文化的经济价值、社会价值、文化价值、政治价值等进行进一步探讨，并进行整理，使劳模文化资源的理论系统化、专业化。东北地区作为老工业基地，在中华人民共和国成立之后，为国家的经济建设做出了巨大的贡献，研究机构可以对东北地区出现众多劳模这一现象进行深层次的调查与研究，分析产生劳模的原因，为新时期东北振兴提供新的精神动力，使劳模文化重新焕发活力，在东北老工业基地转型升级的过程中发挥重要作用。作为培养人才的前沿阵地，东北地区的高校应借助地域优势凸显自己的地位，将劳模文化资源的利用贯穿于教学过程中。例如，在思想政治核心课程《中国共产党思想政治教育史》教学中，学校和教师应激励学生积极参与实践项目研究，增强学生的集体意识，在实践交流中加深对劳模事迹中蕴含的充满正能量精神的理解。鼓励学生在查阅资料的基础上制作劳模文化的宣传视频，并对鲜为人知的劳模事迹进行讲解。在充分发挥学生主体作用的过程中，使学生体会到自己的价值，进而提高他们学习劳模文化和今后争当劳模的积极性。除此之外，教师引导作用的发挥也必不可少。一方面，教师可以根据劳模精神的研究热点对思想政治课的相关章节设计专题。如劳模文化的时代价值研究、劳模文化的丰富内涵研究等。另一方面，教师可以用自创的简短诗歌或标语来展现思想政治理论课所涉及的劳模文化知识点，在生动的教学过程中提高学生的学习兴趣。除此之外，学校可以通过论坛和讲座对新时期劳模文化的内容进行探讨，通过辩论赛对劳模精神是否过时进行辩论，通过诗歌朗诵对各时期的劳模事迹进行赞扬，利用现代技术对各地的特色劳模事迹进行还原，在实践教学的过程中，使学生在真实的情境中感受劳模最感人、最触动人内心的一幕。通过以上多种形式的劳模精神教育，让学生从中感受劳动的价值、劳模的伟大、劳模精神的永久魅力，真正彰显劳模榜样的力量。

除此之外，利用网络平台，设立劳模文化主题网站，制作动态页面还原真实的劳模事迹，呈现东北地区各时期的劳模面貌，丰富劳模文化资源的内容；通过网络漫画制作东北地区相关的劳模事迹手册或电子书；通过物质和精神奖励激发各学校学生在网络平台对劳模精神进行互动交流的积极性，利用微信平台对劳模文化的解读进行推送，丰富劳模文化资源开发的形式，引导东北地区各高校、科研院所、企业等在学习的过程中挖掘更好的劳模文化资源，通过网络载体提升劳模文化资源开发的技术含量，为提高利用效率奠定基础。此外，利用相关技术设计引人注目的劳模宣传手册，制作多种形式的劳模宣传标语，丰富劳模文化资源开发的形式，还要注重和加强对劳模文化资源开发状况的监督，促进劳模文化资源在技术手段的辅助下真正得到开发。

（三）以激发人们弘扬劳模文化的热情为目标涵养理想信念

理想是前进的动力，一个国家如果缺乏理想信念，就会失去方向。无论是革命战争时期，还是中华人民共和国成立初期以及新时期的劳模文化，都蕴含着丰富的劳模事迹，都蕴含着丰富的爱国主义和理想信念内容。劳模之所以称为劳模，就是因为他们是区别于普通人的普通劳动者，这个区别就在于他们有着心怀祖国的坚定理想信念。他们以自身的实际行动诠释着劳动的意义和价值，始终围绕着党，跟着党一起为中国的革命、建设、改革而努力。革命战争时期，劳模为了人民的解放、民族的振兴、国家的独立，一心投入我们党领导下的社会生产运动；中华人民共和国成立初期，在党和政府的号召下，劳模将祖国的繁荣强大作为自己的理性信念，满怀激情地投入社会大生产运动中，他们苦干、实干、巧干，积极进取，始终不忘心中理想，全身心投入到国家建设中，为国家经济的恢复贡献了重要力量；新时期，虽然劳模队伍不断扩大，劳模文化的内涵也发生了变化，但是理想信念是劳模文化永不褪色的内容。知识分子把国家的强大作为自己的理想信念，科学家把国家科技的进步作为自己的理想信念，管理者把传播先进理念和管理经验作为自己的理想信念，农民和工人把坚持实干作为自己的理想信念……各个领域的劳模都应该坚持心中的理想信念，坚持不懈地守在国家各个行业的第一线，在自己的工作岗位上艰苦奋斗，坚定不移地践行心中的理想信念。每个劳模的理想信念汇聚成的劳模精神是难得的劳模文化资源，正是这样的理想信念，才使得我们国家在历经苦难之后又一次有了崛起重生的希望，才使得我们国家久经伤痛之后再一次燃起了重振雄风的志气。尤其是东北地区，涌现了无数劳模，这是有效开展理想信念教育最好的教材。

学习热情的提高、理想信念的树立和增强是检验劳模文化资源利用实效性的重要指标之一。但是，随着改革开放进一步加深和社会主义市场经济的深入发展，多媒体的运用越来越广泛，人们的选择越来越多样化，越来越注重物质利益。再加上社会上严重的腐败现象，国外实用主义、功利主义、个人主义和拜金主义的盛行，使得人们存在精神空虚、精神懈怠的问题，对中国共产党失去了信心，对前途感到迷茫，心中理想信念缺失，进而动力不足，缺少奋斗的意志。这对我们国家精神文明建设是非常不利的，对当前和谐社会的建设构成了极大的挑战。因此，理想信念的建立显得异常重要和紧迫。体现民族精神和时代精神的劳模文化资源中蕴含着丰富的理想信念内容，对激发当前信仰缺失、前途迷茫的大部分人学习劳模精神，进而弘扬劳模文化的热情和涵养理想信念起着至关重要的作用。东北老工业基地可以从营造环境方面激发人们的学习热情。例如，对科研院所和高校师生创新创造劳模文化歌曲的实践行为进行物质和精神奖励，以此鼓励人们通过自身努力来丰富文化生活；建设有利于劳模文化资源利用的专题网络平台，扩大劳模文化资源的获取途径；在雷锋纪念日、“五一”劳动节、“五四”青年节、新生开学教育等时间节点，利用微信、广播、论坛、报纸等传播媒介来宣传劳模文化，通过创新利用形式使劳模文化内容进一步丰富；在展览馆或者图书馆等公共服务场所建立劳模文化长廊专栏，营造劳模文化的宣传与教育氛围，增强人们的爱国情感。在东北老工业基地的劳模纪念馆进行体验式教学和参观，对劳模的劳动情景进行还原。让人们在真实的体验中感受劳模的道德、品质和精神，珍惜劳动，树立正确的劳动观，形成艰苦奋斗的作风，进而树立正确的理想信念。

高校在进行理想信念教育方面承担着重要的职责。首先，高校可以请劳模到学校现身说法，讲述自身经历，用真实的事例打动学生，触动学生善良的心弦，引发学生的情感共鸣。其次，编写相关教材，如劳模从成才到成功的教材，与劳模文化相结合的大学生创新创业的教材，阐述劳模的发展历程以及成长史、奋斗史，让学生从中真正感悟劳模文化的力量，为大学生以后的创业和就业提供范例和精神激励。最后，开展实践活动。一方面，可以进行校内实践，多设立勤工助学岗位，开展公益活动和募捐活动，鼓励学生自制劳模宣传手册等，让学生在劳动中感受快乐；另一方面进行校外实践，根据新民主主义革命时期和社会主义建设时期劳模进行劳动竞赛的状况，进行模拟演练；利用暑期实践季，带领学生下乡，到基层锻炼，回归生活，体验农村劳动者的生活；在校企合作的过程中，派学生去企业见习，加深对工人劳动的印象，与企业优秀的劳模进行沟通和交流，从他们的经历中体会劳模们不为人知的辛劳；组织学生开展采访劳模、写劳模、讲劳模的活动，通过实践提高学生参与活动的积极性，加深对劳模文化理论学习的深刻印象，从中体验劳模文化的深刻内涵和巨大影响力，为自身的前途树立信心，涵养自己的理想信念。

（四）以校际校企合作为保障实现劳模文化资源互补

高校在人才培养、科学研究、社会服务和文化传承方面具有重要作用，是宣传党的理论方针和开展思想政治教育、弘扬文化的主阵地。高校之间有许多相同点，如都有为国家培养建设社会主义接班人的共同目标，校内学生年龄相近，具有相似的生理和心理特点，这些共同点可以促进高校间进行资源的交换学习。但是各高校所处地域不同，各地的经济发展情况不同，所在地方的文化不同，对文化的重视度不同，孕育的劳模文化特点各具特色，这些差异也可以相互借鉴。因此，在东北老工业基地劳模文化资源开发的过程中，东北地区高校如何针对地域文化差异以及劳模精神的特点，加强与全国其他高校进行劳模文化资源开发合作显得尤为重要。

随着社会主义市场经济的不断深入发展，东北地区在与社会主义市场经济接轨的同时，要创新产学研道路。政府引导高校加强与企业的合作，将企业劳模引进高校，一方面对学生的创业、就业进行指导，引导学生树立正确的劳动观念，同时，劳模自身也得到高校文化的熏陶，能够进一步提升自己的知识水平；另一方面，高校通过劳模精神的教育和劳模文化的渗透与熏陶，可以将优秀人才输送到企业，将劳模文化新的研究理论输入企业，为企业打造新的劳模品牌效应。校际、校企合作，既使东北地区范围内的劳模文化资源得到利用、共享，又弘扬了劳模精神，避免了劳模文化资源的闲置，使企业将劳模文化当作一种资源用来提升自身的文化品牌，共同促进劳模文化资源在各领域、各地域得到优势互补。

（五）以打造品牌发展产业为动力提高劳模文化资源的利用效率

首先，创作劳模文化艺术作品。东北老工业基地涌现出的许多劳模，在革命和建设时期，产生了许多具有积极意义的劳模事迹，这正是劳模文化产品创作的原始素材。在东北振兴的过程中，东北地区政府部门应重视劳模文化的效益，创造人民喜闻乐见的劳模文化艺术作品。比如，邀请专家学者对东北地区的劳模文化进行考察和调研，从历史、文化、生态、经济、艺术、社会、民俗等角度着手，对劳模文化的内涵进行深入研究，创作雅俗共赏的劳模文化艺术作品；组织作词家和作曲家创作劳模歌曲，邀请演艺圈明星进行演唱；聘请国内知名艺术家，根据东北老工业基地的劳模文化特点，结合东北话，编导贴近人们生活的歌剧、话剧，并在影剧院演出，扩大东北地区劳模文化的影响力。

其次，将文化艺术创意与劳模文化产品相结合，打造新的符合时代潮流的劳模文化品牌。当前，东北地区劳模文化品牌的形象识别度低，缺少代表东北地区劳模文化资源特色的建筑或符号，如以劳模命名的大道或者宣传画等。在视觉上，缺乏具有特色的劳模标志、形象大使、纪念品等可以加深市民印象的符号，在听觉上，缺少反映劳模文化并通过东北话将其传颂的歌曲。因此，东北地区政府有关部门需要加强引导，鼓励企业发展劳模文化品牌，改变企业发展方式，在转型升级和创新驱动发展战略的关键期促进体制创新，扩大劳模文化的知名度，提升劳模文化品牌的形象识别度。在创作的劳模文化产品中，融入一些具有创意的思想，设计加工与劳模文化有关的产品。比如在参观劳模纪念馆时，可以充分发挥技术优势和人才优势，设计带有劳模文化元素的纪念品、工艺品、参观路线手册、动画、时装等，进一步丰富劳模文化资源，提高劳模文化的发展水平。可以创造像电子影像、水晶、邮票、纪念币、瓷器等种类的产品，提高劳模文化的知名度，培育新的劳模文化品牌。

最后，结合文化品牌，拓展劳模文化产业。维护劳模文化品牌的稳定性，需要进一步延长产业链，拓展劳模文化产业，将劳模文化品牌纳入东北地区创新创业体系，打造新的以劳模文化为特色的东北文化产业体系。依托新的劳模文化品牌，整合东北地区劳模文化资源，建设以劳模精神为主要内容的“爱国主义理想信念教育基地”。同时，充分发挥东北地区劳模多产的优势，发挥市场的导向作用，开发多种形式的劳模学习示范基地。充分发挥劳模文化资源的经济效益、政治效益、文化效益和社会效益，在促进经济增长的同时逐步提升东北地区劳模文化的知名度、影响力和竞争力。同时，借助“一带一路”的机遇，将劳模文化传播于沿线各国，进一步提升东北地区劳模文化在国外的知名度和影响力。另外，将劳模文化品牌和劳模文化旅游产业相结合，促进劳模文化资源的创新发展。比如，在抚顺、大梨树、大庆、鞍钢等地区和企业建立劳模纪念馆，开发体验式项目。采用实践体验式、互动式、情景再现式等教学模式，带领学员观摩纪念馆，借助当代先进技术再现当年劳模的劳动情形。在体验中真实感受劳模精神的力量，进一步弘扬劳模文化。还可以建立影视基地和户外写生基地，规划劳模文化旅游系列景区，使劳模文化景区成为党员干部和广大群众前来学习劳模文化的特色阵地。

后　记

致敬劳模，礼赞劳模精神，传播劳模文化是因为我们正处于一个伟大的新时代。今日之中国，正面临近代以来最好的发展时期，我们比历史上任何时期都更接近、更有信心和能力实现中华民族伟大复兴的目标。然而也正处于世界百年未有之大变局，遇到的风险与挑战也会越来越大，更加需要以“爱岗敬业、争创一流、艰苦奋斗、勇于创新、淡泊名利、甘于奉献”的劳模精神汇聚共识，勠力同心，以拼搏赓续传统，以奋斗开创明天。

历史赋予劳动者伟大而艰巨的使命，时代召唤劳动者为决胜全面建成小康社会、建设社会主义现代化强国、实现中华民族伟大复兴汇聚智慧力量。东北老工业基地劳模文化塑造了一批又一批劳动模范，始终代表和发挥着工人阶级的先进性，引领广大劳动者形成奉献奋斗、精益求精的职业追求，在波澜壮阔的改革开放进程中更是绽放出夺目的时代风采。他们传统与时代结合、先进与多元兼顾、务实与创新交融的爱岗敬业特点和精神品格具有历史的穿透力，历久弥新。

“民生在勤，勤则不匮。”辛勤劳动已经成为中华民族薪火相传和生生不息的重要基因，劳动精神铸就了中国人民勤劳、质朴、创造、坚韧的内在民族品质。“中国特色社会主义事业大厦是靠一砖一瓦砌成的，人民的幸福是靠一点一滴创造得来的。”① 劳动模范既是先进生产力的代表，又充分彰显着中国特色的“文化力”。推进东北全面振兴，全面建成小康社会，进而建成富强民主文明和谐美丽的社会主义现代化强国，根本上靠劳动者创

① 习近平：《在庆祝“五一”国际劳动节暨表彰全国劳动模范和先进工作者大会上的讲话》，人民出版社，2015，第4页。

造。新时代是奋斗者的时代，每位劳模都是一面旗帜，标注着中国工人阶级和广大劳动群众的伟大品格，劳模精神定会在接力者的续写传承下更加发扬光大。

本书采用了国家社会科学基金重大项目《东北（辽宁）老工业基地“劳模文化”史料编撰及当代价值研究》课题组收集整理的劳模史料和相关文献。东北大学马克思主义学院的曾薇、田雪飞、曹洪滔老师参与了课题的研究和全书的写作。本书在撰写过程中，参考了诸多领导、专家、学者的文章和学术成果，在此表示衷心感谢！同时感谢社会科学文献出版社社会政法分社总编辑曹义恒、责任编辑岳梦夏的指导。

由于时间不足、能力有限，直接参考资料较少，可借鉴的不多，本书论证难免有不足之处，敬请各位学者、读者批评指正。

图书在版编目(CIP)数据

劳模文化本质论：基于东北（辽宁）老工业基地的思考 / 田鹏颖，朱丽颖，于春玲编著. -- 北京：社会科学文献出版社，2019.3

（东北老工业基地劳模文化研究丛书）

ISBN 978 - 7 - 5201 - 4295 - 3

Ⅰ.①劳… Ⅱ.①田… ②朱… ③于… Ⅲ.①劳动模范 - 文化研究 - 辽宁 Ⅳ.①D412.6

中国版本图书馆 CIP 数据核字（2019）第 028271 号

东北老工业基地劳模文化研究丛书

劳模文化本质论

——基于东北(辽宁)老工业基地的思考

编　　著 / 田鹏颖　朱丽颖　于春玲

出 版 人 / 谢寿光

项目统筹 / 曹义恒

责任编辑 / 岳梦夏

出　　版 / 社会科学文献出版社 · 社会政法分社（010）59367156

地址：北京市北三环中路甲 29 号院华龙大厦　邮编：100029

网址：www. ssap. com. cn

发　　行 / 市场营销中心（010）59367081　59367083

印　　装 / 三河市龙林印务有限公司

规　　格 / 开　本：787mm × 1092mm　1/16

印　张：11.75　字　数：185 千字

版　　次 / 2019 年 3 月第 1 版　2019 年 3 月第 1 次印刷

书　　号 / ISBN 978 - 7 - 5201 - 4295 - 3

定　　价 / 79.00 元